女人明白要趁早

一個美女CEO的30歲備忘錄，
成為千萬女人的社會 **生存守則**。

【台灣版序言】
跑在前面的人

2014年6月8日，我第一次來到台灣，參加了台北女子馬拉松比賽。參加比賽的有7500個女生，絕大多數來自台灣本地，平均年齡25歲。顯然，我一定是那個拉高了平均年齡的人。

由於日程緊湊，比賽結束後我只在台北休息了一天就返程了。對台灣所有的印象只好被濃縮成兩部分，第一部分是在馬拉松全程中幾乎都可以看到的101大廈，忽遠忽近，像賽程裏的燈塔一樣，注視著7500個女生緩緩前進；另一個部分，當然就是那些和我一起跑馬拉松的女生們──我從來沒有一下子同時見到這麼多台灣人。

女生們都非常年輕，大多糯糯的白白的，講話聲調在我聽來細軟綿長。出發後，她們開始邊跑邊三三兩兩地聊天。在我30歲之後，已經很久沒有聽到這麼多這麼真實的女生聊天片段了。

「我還是不喜歡現在讀的科系唉，很想換科系啊，可是我媽媽說女孩子讀這個比較會找到好工作。」

「但是妳會不開心啊。」

「是哦，但是我媽媽說好工作才是真的開心。」

「我發短訊給他說我要出發跑馬拉松了。他隔了一個小時才回了一句：加油。」

「可能他剛好比較忙吧。」

「出國讀書會可能會錯過好的男生嗎？」

「不會吧，國外也是一樣有男生啊？」

「那為什麼我幾個表姊她們回來以後都很多單身？」

我是 35 歲才第一次來到台北沒錯，但原來，無論是在北京還是台北，無論是我的 25 歲，還是 10 年後台北女生的 25 歲，竟然都還在重複著一樣的苦惱。關於成為誰，去哪裡，如何去的問題，從來都沒有繞開過任何一個地方的女生。我好想在馬拉松的半途裏停下來轉身對我身邊的女生說：「這個問題我經歷過，我想通了呢，我是這樣想的，blablabla……」

可惜我們並沒有機會交談，我們在長長的馬拉松隊伍中只是並肩跑了短短的一段，然後她們就帶著年輕的困惑，一個一個輕輕地從我身邊跑開了。她們的背影像小鹿一樣，真年輕，跑得真快。

不過我知道，如果一個女性的青春年華也算作一場馬拉松的話，在這樣一個隊伍裏，我其實是那個跑在前面的人，早已經歷過路面起伏、身體不適和壞天氣。當我終於可以坦然面對路上的迷惘和傷心，找到應對的辦法，再次積攢起勇氣的時候，時間也流逝過去了，我再也回不到25歲。還好，我至少記錄過路程上的心得與教訓。一個好的跑者，一定會把心得與教訓記取下來，傳播開去。

回到北京後，我做了兩件事，第一件是在6月10日出任了中文版《時尚COSMO》的主編，第二件事，就是決定把我在2010年出版的暢銷書《女人明白要趁早》重新編輯整理，推出一本台灣版。

讓我做出決定的人，就是當天那7500個臺灣女生，我的馬拉松同伴。

自序

　　本書的雛形是一篇語錄體文字，叫做〈寫在30歲到來這一天〉。

　　30歲生日那天，我嫌麻煩沒像往年那樣在夜店舉辦party，到了晚上又覺得有點不甘和寥落，覺得怎麼也要有所表示，於是挪到電腦前寫了一篇經驗教訓總結。腦子裡閃出一條寫下一條，然後拼接整理成幾個章節。寫完以後發給幾個閨蜜，是以為記。

　　幾個月後，我開始陸陸續續收到許多來自陌生人的電子郵件。來信者基本是適齡女性，郵件內容均為有關工作、感情和外貌的種種迷惘，其中既表達了對〈30〉一文的認同，又希望我能夠對她們的困惑提供意見和建議。我於是搜索了〈寫在30歲到來這一天〉，才發現網路轉帖數量已逾百萬，吃了一驚。

　　僅僅幾十條的語錄體文字，不足以覆蓋和解決更多的困惑。我開始在此基礎上添枝加葉，回顧各種激發思考的事件始末，把前前後後的掙扎和糾結重新逼問出來，整理出25個故事。

故事中所有的情節與結論，都來自我和我身邊女孩們的真實生活。

從少女時代起，就有這樣一批對自己有高標準、嚴要求的特有主意的女孩，在自我塑造、職業道路和人生伴侶上，都早早就給自己勾畫了美好的藍圖，且在成長過程中始終與自己暗暗較勁，矢志不渝地等待和追求著藍圖實現的那一天。

然後，這批女孩陸續進入了社會大課堂，一直在尋找適合自己的崗位和男人，然後在與各個崗位和男人的周旋中，繼續朝著自己的藍圖摸索前進。

若干年下來，女孩們都多多少少栽了跟斗，也嚐過甜頭，但是腳步始終沒停下來過。在經歷了難捱的失望和迷惘，經歷了種種的思考與追問後，痛定思痛，終於開始理出頭緒，安靜下來重新審視了周遭與自己。這時候，周圍的一切像褪去了霧氣般漸漸明朗起來，生活終於在她們眼前露出了本來面目，女孩開始明白了。

這本書所分享和探討的，就是那些難捱的失望和迷惘，種種的思考與追問。重點在於姑娘們痛定思痛後理出的頭緒。

其實在數年走向明白的過程中，很多願望的達成要仰仗閨蜜小團隊的智慧，在無數個夜幕降臨後，幾個女孩紛紛從各種崗位和男人那裡離開，聚攏一處，彙報近況，交換心得，談人生，

談理想，談愛情。每每有成員傷心失意，其他成員決不採取常規而無效的表面安撫，也不走「我曾經更慘，我理解妳」這類同是天涯淪落人的悲情路線，因為事實說明，這些方法沒有用，問題完全沒有得到解決。解決必須是本質的，必須經過對問題的剖析和解構，必須形成對問題真相的認識，必須在認識之後有解決方案。

我們閨蜜小團體的交流方式包括：當頭棒喝，冷靜分析，無情追問，肆意嘲笑等。許多問題都是越追問，越清晰，當事人往往會在過程中猛然驚醒。多少犀利的語言交鋒和一針見血的總結都是在這個過程中出現的。我們將這種交流方式稱之為「滅絕師太式」，有別於少女時期毫無頭緒的瞎討論，進而稱我們的小團體為「滅絕組」。「滅絕組」在我們成長的道路上立下了汗馬功勞，令人愛恨交加，欲罷不能。

客觀而殘酷地說，每一個女性在25歲以後，容貌總是會與歲月的增長成反比，如果以時間為 X 軸，以容貌為 Y 軸，就形成一條向下的拋物線；然而，往往在25歲以後，當女性經歷過生活中的種種百轉千迴，她的智慧與信念隨著時間的增加反而越發明朗和堅定，呈現一條向上的拋物線。也就是說，在這個數學模型裡，必然存在一個理論區間，在這個區間中便是一個女性容貌與智慧的綜合最大值。今時今日的都市裡，有一大批女性就正處於這個區間中的峰值上。要形容起來，這個區間的女性就是：外表仍美麗，內心已明白。厚此薄彼的結果是令人遺憾的，不能教

訓都白受了，一把歲數依然是銀樣鑞槍頭；或者是內涵有了，眼袋卻已然下垂了。

每一個懷揣著美好願望的姑娘，都是在向著「明白」的目標前進，每一個存有困惑的女孩，都需要一個類似「滅絕組」的閨蜜小團體。而妳現在翻開的這本書，就是妳的「滅絕組」，當妳坐下來，靜靜翻開，就像是坐在了我們中間，和我們一起，當頭棒喝，冷靜分析，無情追問，肆意嘲笑。

明白要趁早，早瞭早托生。

謹以此書，與眾姊妹共勉。

寫在30歲到來這一天

By 王瀟　2008 年 11 月 3 日

事業篇

● 無論是打工還是創業，其本質無外乎向老闆或客戶出賣自己
的有形或無形產品。一言以蔽之：大家都是出來賣的。既然
是出來賣的，一要賣相好，二要敬業，三不要嫌買貨人。所
以，第一要保持美麗，第二要多做事少抱怨，第三看在錢的
份上要適當妥協。

● 付出不一定有回報，努力不一定有收穫。學習知識和鍛煉身
體除外。

● 我們是動物進化來的，即使高級也還是動物，達爾文主義一
直適用。只有把自己訓練成更敏捷、更強壯的動物，才能過
得好點。所以懶散消極肯定不是長久之計，要是在動物世
界，在金字塔底的妳還這麼耗著，已經死了。

● 這個時代的規律就是沒有絕對公平競爭，接受這一點，然後武裝自己投身到轟轟烈烈的不公平競爭中去。順應規律而行，也是達爾文主義。

● 先贏了再說。享受妳戰利品的時候，妳心裡可以繼續憤世嫉俗。不要濫用憐憫給競爭失敗的人，因為下一次也許會是妳。

● 爭取半天的願望沒有實現，一要怪自己學藝不精，二要怪自己運氣不好，然後趕快行動起來爭取下一個願望。前面投入的時間精力，通通血本無歸。勇於承擔血本無歸是出來混的第一課。

感情篇

● 談戀愛的條件，就是讓自己從精神到物質，從靈魂到肉體，因為有了對方都比從前的狀態更好。否則何必呢？

● 如果男人現在對妳一般，不要指望他會在婚後對妳更好，他對妳最好的時候一定是追求期和熱戀期。如果這兩個時期妳

尚且對他不滿，那妳要好好想想了。

● 不妨讓他為妳多花點時間和錢，通常人投入得越多，就越難割捨。

● 就算妳為他已經投入了很多時間和錢，該離開的時候也要俐落點離開。勇於承擔戀愛的血本無歸，是展開新生活的前提。

● 如果妳看中他的錢，在適當的時候要到，這錢才是妳的。打鐵要趁熱，要錢要趁愛！

● 妳的直覺往往比事實還準確。

● 兩個人最終過起日子來，「也就那麼回事」已經是非常好的結局，因為很多人發現婚後「完全不是那麼回事」。

● 一個身體再性感，展開後翻來覆去看也就兩個平方公尺，互相失去興趣是正常的規律，只是晚點失去興趣的那個人會覺得受傷。

● 成功的感情關係裡，愛情是一定會轉化成親情的。親情就是

Happy Ending。如果愛情沒了，親情又沒形成，說明該關係已經失敗。通常人們用生育來協助這一轉化的完成。

● 老人說的道理大部分都是對的，比如結婚要找個踏實顧家的男人，但是這些道理只有談上兩三個讓妳遍體鱗傷的戀愛後才會明白。撞了牆不怕，怕就怕一直沒回頭。

● 男人也是人，他不是必然比妳還要聰明、勇敢、勤勞和富有。如果妳不能愛一個男人的本尊，而是愛上妳期待中的他的話，妳會一直失望，而他會因壓力過大而沉默和崩潰。

● 對一個人的崇拜不足以支撐瑣碎的日常生活。偶像要走下神壇，他談完世界觀也要去大便。

● 自古以來，就有白蛇和青蛇，白玫瑰與紅玫瑰，男人得隴望蜀防不勝防。不如別防了，剩下精力多掙點錢，或者美容保養。萬一失了陣地還保有戰鬥力再搶一塊。

生活篇

● 越年輕的時候，越可以應用「試錯法」，即在不違反健康，不觸犯法律的基礎上，搞清哪些東西是真正適合自己的。為了讓以後的歲月做對的機率更大，不妨前期多試點錯的，磨刀不誤砍柴工。

● 每個人先天能量區別很大，有的人寡淡無味，有的人跌宕起伏，都是按自個的能量定額來的。先天能量這個東西沒法攀比，自己跟自己比，滿足就好。關鍵是正確評估自己的能量。

● 欲望不實現就痛苦，欲望實現了就無聊。只有剛剛實現後那短暫的時期是幸福。所以幸福必然是短暫的，痛苦和無聊才是生活的常態。這是我們的欲望決定的。

● 別人的任何選擇和決定都有他自己的道理，儘量理解和不干涉。但如果傷害到妳的心靈和財產，一定要干涉。

- 面子是別人給的。別人會把面子給那些堅持表現出誠實、勇敢、勤奮和可靠的人。不以以上這些元素作為給面子準則的人，妳也不用在意他給不給妳面子。

- 不用等到什麼時機都成熟了再開始做一件事，在游泳中學會游泳，在開車中學會開車，摸著石頭是可以過河的。前提是輸得起。

- 通常來說有兩種狀態：痛苦的哲學家和快樂的豬。痛苦的時候，儘量搞清痛苦的緣由，否則就成了痛苦的豬。

美容篇

- 作為女性，妳的外表和妳的性格共同決定妳的命運，這是殘酷的現實。

- 無論哪朝哪代、東方或西方，端莊路線是永遠不會錯的。裝也要裝得像。

● 腰圍是黃金分割和女性體態婀娜的關鍵，是少女和大媽的分水嶺。要拼死保持。

● 學好化妝術，拾掇好再出門。妳自己會開心，別人對妳會多點耐心，百利而無一害。

● 如果妳單身，建議妳保持時刻準備著的狀態，也就是說儘量隨時都看上去很美。很難說哪朵雲彩下雨，也許轉角就遇到愛。

● 當妳對美好身材的渴望遠遠大於妳對食物的渴望，妳就可以成功減肥。減不下來那是因為妳對瘦的渴望還不夠強烈。

目錄

台灣版序 003

自序 007

寫在30歲到來這一天 011

1 單身大齡又如何？ 021

2 有沒有真命天子這回事？ 032

3 變心需要理由嗎？ 043

4 錢是999純金 055

5 大家都愛成功人士 068

6 不想轉正的小三，不是好小三 078

7 洋人也是人 089

8 嫁人只在一瞬間 100

9 我們經歷過的各種崩潰 113

10 弱國無外交，女人當自強 122

11 從臭跑龍套的做起 133

12 遭遇潛規則 143

13 你的心有多大？ 154

14 要，還是不要繼續上學？　164

15 站在人生的米字路口上　176

16 該做的事VS愛做的事　184

17 當完被告當原告　195

18 一入江湖歲月催　205

19 誰的肉身沒有缺點？　216

20 意志的勝利　225

21 假如理想沒有照進現實　235

22 吃喝玩樂見真知　245

23 只有經過驗證的才是真神！　256

24 永遠太遠，只爭朝夕　267

25 甜美無害與冷靜銳利　281

後記　289

1
單身大齡又怎樣？

　　看了很多集「國家地理頻道」的節目以後，我覺得到了一定歲數著急結婚生子肯定是個生物學現象，就像狗熊冬眠、大雁南飛，都是為著生存和發展。人既然也算靈長類群居動物，還是不要較勁的好。

　　要是狗熊不冬眠，大雁不南飛，當寒冬來臨之際，就都凍死了。

都說，情緒是會傳染的。人與人之間的腦電波互相影響，會造成氣場疊加。「滅絕組」的氣場尤盛，因此一個單身起來，個個單身。

我、小曼和塔塔，性格迥異，行業不同，遭遇卻相似：都至少被花心男劈腿一次，主動拋棄雞肋男一次，看上已婚男無奈放棄一次。

曾幾何時，我們都自視頗高，以為尋得個青年才俊有如探囊取物。然而一來二去，時間就這麼過去了，惡俗的劇情還歷歷在目，社會上竟然已經稱我們做「單身大齡女子」。

單身不假，大齡女子可實在是太難聽了，好像我們是超市裡要下架的大白菜，還沒有賣出去，就已經不新鮮了。可是我們不是大白菜，並不以趕在變枯萎之前賣出去作為終極目標，也就是說，不是每一個單身女子，懷的都是想嫁的心。

頂多是懷春的心。

誰不知道談戀愛好啊！不吃不睡，都能讓人雙眼發亮，皮膚發光，兩人約會趕上大雨，恨不得把雨點也看成粉紅色的……大家都是瓊瑤、三毛時代一路看過來的，除去幾個別另闢蹊徑的，絕大多數女孩誰也沒抱定要這輩子獨身，或者真是看誰都不順眼，非得和自己較勁。我敢說，女孩的內心深處，最初都是柔軟的，飽含期待的。

再柔軟的內心，也經不住折騰，女孩的期待和時間，都是被無情的現實活活耗去的。從懵懂到大學，再從大學到工作，女孩們在情路上披荊斬棘，一場場戀愛談下來，卻每次都悱惻纏綿地開始，意興闌珊地結束。

這個局面的形成，女孩自己是有責任的。

豆蔻年華剛過，先是受影視文學作品影響，對年輕小男生盲目心動，三兩下就算談起了戀愛，之後難免發覺該男生青澀幼稚、呆頭呆腦，與幻想中落差很大，事事不如願，算是心碎了第一回。

終於等到淡掃蛾眉、初出江湖，覺得這回世界廣闊總有得挑揀了吧，又自恃高等教育、中上之資，鼻孔不免略微有些朝天，心頭早就放好了一把尺，見來人先暗地裡丈量。

女孩的標準不可謂不細：要身材高大、五官俊朗、眼神清澈，舉手投足還要有過人氣質，以上可總結為「有型」；要飽覽群書，不是行業精英也得是預備役精英，要詼諧幽默、收放自如，最好還能懂點哲學，以上可總結為「有料」；要衣著得體、質地優良、車房兼備、有些積蓄，最好還能品紅酒茗茶，以上可總結為「有款」。現在想來，不知錯殺了多少本來如意的郎君。

但女孩最想要的，終究還是另外兩個字：有情。正因為首選「有情」，才終於有一兩個不怕死的誤打誤撞、過關斬將了

——也不見得品質真的異於常人，但是憑著沒有根據的執著和熱情，還有巧勁，打動了女孩的芳心。

戀情業已開始，女孩算正式找到了一個演對手戲的，一起演繹內心排練了無數遍的橋段。為了表現女主角的知書達理，女孩只好強忍著內心的興奮，保持一個星期見面兩次。每次見面，女孩都主動談人生、談理想，好幾次差點給對方朗誦詩歌——倒也不是故意的，女孩選理想男友本來就是衝著「琴瑟和諧」4個字。

路遙知馬力，時間一長，討喜的招數用盡，女孩發覺男方好像不過如此，細節上毛毛糙糙，聊天也再無新意。其實男方為了能匹配心中的女神，一直戰戰兢兢，晚飯不敢吃多，怕打嗝有味道；冬天也不敢穿太多，怕被嫌身子弱，人前硬要秀出一個華麗的自己。最後，男的不堪重負，覺得弦兒老這麼繃著不是長久之計，覺得跟這個女的怎麼這麼累，談個戀愛每天都跟找工作面試一樣。女的發現真相也震驚失望，好像發現了皮袍下的蝨子，覺得男的是存心詆了自己。本來挺美好的初衷，鬧得不歡而散。等兩人都回過神來，兩年已經過去。

男的痛定思痛，覺得下回一定找個簡單柔弱的姑娘，重點要個性好，一起待著輕鬆；女的也想明白了，今後必須得擦亮眼，找男人要去粗求精，強調高度與廣度，對自己窮追猛打沒用，關鍵這男人面子裡子要有猛料，得鎮得住。

好酒不怕巷子深，女孩終於遇到了一名中青年才俊。幾個回合下來，讓女孩心服口服：女孩知道的，才俊都知道；女孩不知道的，才俊還知道。女孩馬上露出久違的溫婉嬌媚，不敢再造次，認定找到了自己的靈魂導師，從此靈魂肉體一併奉上。

女孩的溫良美德一旦被激發，竟然有點一發不可收拾。看著才俊微禿的後腦勺，都能莫名感動，聯想到幾年之後祥和的三口之家，粉嫩的小胖孩在繞膝奔跑，鼻子像我，嘴巴像他……心想我投之以桃，付出總有回報，再往前走一走，應該就都能實現了吧？於是女孩越發傾力付出，心無旁騖，發展成熨衣做飯項項全能，知道悲憤地從各種蛛絲馬跡中發現，青年才俊又把另一個女孩整得心服口服。

青年才俊，可不是大風刮來的，他能征服一個，就能征服三四五六七。女孩人格信心大崩潰，診斷出中度憂鬱，絕望離去。淚痕濕了又乾，乾了又濕，恍然發現又是兩年。

以上，是我瞭解到的大多數尋常劇情，還有其他的戲劇性故事也曾經在真實生活中發生過，比如男友被女孩最要好的女友無情搶走的，或者是戀愛到死去活來才發現對方是有婦之夫的。雖有發生，都太過極端，不在此列。但就各類尋常劇情，已經是紛紛擾擾；一言難盡，甚至可以寫出一本《論單身大齡女子的形成》。

無論如何，女孩是蹉跎了。

再想揚起風帆的時候，人卻已經有些疲累了。

能不疲累嗎？江湖已經不是當初那個江湖。現在白天得出門掙錢陪笑臉，晚上還得趕緊敷臉，為得是在第二天睡醒之前把疲態抹去，可不比20出頭了。好歹有個週末，還要用來惡補行業知識。雖然論臉蛋仍算拿得出手，論武藝也能辦公室裡叱吒一陣子，但就怕中途出差錯啊。再想分出時間來約會新對象，想起過往仍然心有餘悸，尤其是不知道一旦把有限的寶貴時間用來約會，是不是真有那麼值得的投入與產出比呢？

天要下雨，人要長大，長大變精明了，總歸是好的。少不更事的時候，憑直覺做事對人，雖然錯誤百出，痛苦倒也來得直接。現在經驗教訓一大把，反倒彷徨猶豫，膽小如鼠。老鼠自從怕了老鼠夾子，就再也嚐不到乳酪的滋味了。

當年一窮二白，有的是容顏、時間和勇氣，尚且條件多多。現在房間裡掛了一櫃子衣服，手機裡存了200個電話，張嘴能不重複地說出30個人生哲理來，想要的一切就更加水漲船高了。都明白金字塔越往上，量越小，也不知道自己想要的那堆裡還剩下多少落單的男人，更不知道別處還有多少像自己一樣自認才貌雙全的大齡單身女子，也正在虎視眈眈地盯著呢。這個戰場，早已經是狼多肉少，硝煙彌漫。

混到這個份上，真不能說對不起自己，就是因為太對得起自己，不能放棄自己的氣節、尊嚴和追求，才大齡單身到今天。

到了今天，有點姿色，仍不屑於靠姿色混飯吃；有點內涵，光靠打拼又暫時做不到養尊處優。一直當自己是個才貌雙全、德才兼備吧，弄了半天，似乎過得還不如當初那些個自己鄙視過的人，真是「佳人氣短」。尤其是每逢耶誕節、情人節，面對旁邊女同事的鮮花禮物陣，最難平衡。這簡直是女人的致命傷，比外表、比業績都可以勝出，一比手裡的男人，人有我無，立馬就被比下去了。這比的是雌性吸引力，此乃宇宙天地間的原動力，這才是終極角逐！被老天爺生成一個女的，出落得如花似玉，正值繁殖期，竟然沒有男的愛慕妳、追求妳，為妳格鬥、抓狂、流血犧牲，就是最大的失敗。

如果說單身生活的確給大齡女子帶來了負面的心靈體驗，那些膚淺的寂寞、傷春、顧影自憐，其實都算不上什麼。最大的失敗，是多少年來的自我塑造和追求，卻沒有被人、被對等的男人承認和接納。一隻母孔雀打生下來就天天梳理羽毛，練習儀態萬方，嘛翹了200多天，屁股都抽筋了，還是沒有等來心目中最漂亮的公孔雀來開屏求歡。不夠漂亮的公孔雀七七八八地倒也曾經來過幾隻，不是沒看上嘛，現在人家小孔雀都長大了。

人是靈長類，長成以後需要成雙成對，這是自然界的旨意，不丟人。所以當有人長成了卻沒有成雙對，就不符合大自然春華

秋實的規律了，別人就覺得她奇怪了，猜測她是哪裡出了問題。別人的說三道四都能扛過去，唯獨爸媽那失望的眼神才令單身大齡女子真正傷心。

單身大齡女子中間的結婚大討論往往是週期性的，多發在節假日之後，單身大齡女子受盡折磨，從爸媽家落荒而逃後的第一天。

塔塔家的局勢好像最緊張：「我家的三姑六婆七姑八姨實在太彪悍了，怨氣太盛了。」

「她們怎麼了？」

「我媽本來每天樂呵呵地挺好，她們天天在我媽耳邊吹風，把我媽吹毛了！」塔塔很憤懣。

「她們都說什麼了？」

「還不就是，趁還不到30趕緊嫁人，過了30就不好說了，就這一類陳腔濫調！」

「哈哈哈，有沒有說妳同學誰誰誰的孩子都這麼大了？」電視劇裡都有這麼一句。

「對對！嘿！還真說了這句了。哈哈哈。」塔塔樂得直打滾。

單身大齡女子，回家須謹慎。

看來文藝作品的確是源於生活，反映生活。但也不好說，七姑八姨說不定也是從電視劇裡學來的。但凡這麼說的週邊親戚，我看都是碎嘴子，有那工夫為什麼不去把自己腰上的救生圈減減呢？

無論是電視劇裡還是生活裡的爸媽，他們的焦急是真心的，望穿秋水的。但再開通的爸媽，也是上一輩人。上一輩人總認為，單身的生活代表著孤苦伶仃、孤立無援，結婚是最好的解藥和結局；我們這一代卻清楚地知道，結婚，才好比服了新的一味藥，然後等待藥性慢慢發作，無論毒藥還是解藥，只是個開始，無法預知結果。

單身的確有時候寂寞，但是那種寂寞仍然可以有詩意，漫漫長夜，隨妳迎風流淚，對月長嗟；嫁錯人的寂寞才真正可怕，無處消遣，又無處躲藏，最愁苦莫過於無處訴說，最後肯定憋出病來。一結婚就是朝朝暮暮，10年如一日地目睹另外一個人刷牙漱口，並與之商量洗衣做飯，其實非常殘酷。非得在最初講究個棋逢對手，兩情相悅，否則，萬萬沒有可能挨到誓言裡所說的最後。

親愛的爸爸媽媽們真正想要的，是我們能快樂生活，我們自己也想要，可結婚和快樂生活並無必然聯繫。這麼多年來，我們一直都在尋找可以與之快樂生活的人，如果一起生活的人不能使我們快樂，不如不要。

　　我們只活這一次，不想苟且，不想將就，只想等到那一個好伴侶。我們錯過和放棄的都並不可惜，只因為他們都不對，不要也罷；遇到對的人，是不需周折和遲疑的，我們會心甘情願從此困守在一個男人身邊，並發誓和他一起朝朝暮暮，直到老死。

　　作為一個正常的女人，最後免不了總要結婚的；作為一個正常的婚姻，最後免不了總要白頭。也就是說，人，從結婚那一刻起，直到生命盡頭，幾十年都將在婚姻裡，相形之下，單身的歲月其實只有區區幾年，彌足珍貴。

　　一個大齡女子，在單身時光，最需要的，不是癡癡地盼望結婚，而是盡心過得飽滿而有趣。讓以後幾十年的自己，都可以微笑回味，無怨無悔。

　　到這個份上，真不能說對不起自己，就是因為太對得起自己，不能放棄自己的氣節。

　　上一輩人總認為，單身的生活代表著孤苦伶仃、孤立無援，結婚是最好的解藥和結局，我們這一代卻清楚地知道，結婚，才是服了新的一味藥，然後等待藥性慢慢發作，無論毒藥還是解藥，只是個開始。

　　單身的確有時候寂寞，但是那種寂寞仍然可以有詩意，漫漫長夜，隨妳迎風灑淚，對月長嗟；嫁錯人的寂寞才真正可怕，無處消遣，又無處躲藏。

　　人，從結婚那一刻起，直到生命盡頭，幾十年都將在婚姻裡，相形之下，單身的歲月其實只有區區幾年，彌足珍貴。

2
有沒有真命天子這回事？

　　我們這一夥好多人，都在死等自己的靈魂夥伴出現，認錯一回兩回之後，紛紛開始寒心，懷疑世間有沒有這麼一個人。要不要死等靈魂伴侶出現，要不要認為老公應該等同於靈魂伴侶，這是個問題。

　　老公首先是個親人，而且能接受妳一切的程度僅次於親媽。這一點靈魂伴侶反而做不到——妳理想化不要緊，他也理想化，等妳稍微變醜或是鬧脾氣，就輪到他認為妳不是他的靈魂伴侶了。

　　很多悲劇都起源於期望值過高。

「滅絕組」週邊成員米秀，在我們這兒是個異類。

米秀比塔塔還小幾歲，2007 年終於從插畫專業碩士畢業了，是個一路走來都品學兼優的好學生。好到什麼程度呢？就是那種獲得過各種獎學金，本科保送到研究生，又被選派到美國做交換學生，再被推薦到英國實習的完美榜樣。

縱觀米秀的履歷，一步一個腳印，絕對白璧無瑕。過猶不及的是，眼下米秀到了 26 歲，還沒有談過戀愛，真是匪夷所思——要不怎麼說在我們這兒是異類呢。

要是以為是米秀外形或者性格的原因，那就錯了。

米秀像極了韓國人，臉盤平圓，細眼小嘴，有一頭跟洗髮精廣告裡一樣的長髮，漆黑筆直，瀑布一樣。

米秀的性格也好，雖然自己沒有經歷過戀愛考驗，但是畢竟遊學西方，交了很多好朋友，眼見耳聞了各路人馬的奇聞逸事，對誰都沒有偏見。甚至經常參與大家的分析討論，在理論上早早超越了實踐。

米秀英文流利，是畫畫高手，還自己出版過漫畫書，書裡的愛情故事，都唯美精緻，盪氣迴腸，完全不像是她閉門造車編出來的。

26 歲之前的米秀，沒有男友還能耐心等著；26 歲一到，米秀

有點倉皇了，跑到「滅絕組」請大家給點建議。

「妳男友標準是什麼呀？」頭一個問句都大同小異，問過好多人好多遍了。

「高高的，很清新的樣子，就像日系少女漫畫男主角那樣的。」秀秀的眼睛裡透出神往的小光芒。

「……生活中妳見過這樣的嗎？」

「呃，目前還沒有呢……」

「哦……」我一時沒想出什麼話來接。

秀秀自顧自接著說：「我覺得，如果我見到他，一定能在第一瞬間認出他來！」

「靠什麼認出來？有特徵嗎？」這個我必須追問，心想我怎麼就沒認出來過呢？

「有啊！妳看過日本漫畫嗎？」

「看過啊，我看過《哆啦A夢》。」其實我還看過好多呢，《城市獵人》什麼的，當時就把裡面女主角身材當成畢生奮鬥目標了。

「按漫畫裡描述的，當真命天子在眾人當中出現，他就像會

發光，周圍一切都會模糊和暗淡下去，整個過程像慢動作一樣，會讓人特別難忘。而且，好多美國電影也表現了這個情節。」

「沒錯！說白了就是一見鍾情唄。美國電影裡，那個瞬間還得有電影配樂，男女主角互相看呆，就跟著了魔一樣。」說電影我就熟多了，覺得自己有好多發言權，但是為了米秀的終身幸福，我還是收了心：「那都是文藝作品，其實米秀妳應該採訪一下身邊真人，問問大家，初次碰見自己男友或者老公的時候，都是什麼情況。」

「對對對，我就愛聽情感歷程。」塔塔剛才一直在旁邊一邊翻雜誌一邊忍笑，這時候馬上機靈了，湊到我和米秀面前。

「就這麼定了，米秀去收集資料，然後拿資料回來匯總分析！」

「採訪物件必須是感情良好的情侶和夫婦，這樣資料才有意義！」

我和塔塔都很興奮，頻頻給意見。

米秀心裡著急動作就快，兩三天之內就詢問了她周圍熟悉的、不熟悉的20多個人，甚至對我也進行了採訪，小本子上都做了記錄，真不愧是名副其實的好學生。

米秀說，更多的人，尤其是她問過的同齡女生，也都正在被

同樣的問題困擾——什麼時候，在哪裡，以何種方式，能遇到並認出真命天子（又稱 Mr.Right）？更重要的是，遇到之後，如何知道他就是他呢？

資料整理好，我們又團團圍坐，準備從中整理出真命天子（或者至少是潛在真命天子）的識別規律。

首先排除採訪對象裡 3 對是中學同學的夫婦，他們都是從偷偷摸摸的早戀一路走來，才披荊斬棘終成正果的。那時候，課間上趟廁所回來說上一句話就幸福一天，一個小眼神能玩味 3 個禮拜，跟現在的生活節奏和都市戀愛沒法比，完全不具有參考性。

是大學同學的也有兩對，但是米秀大學也是糊裡糊塗、一事無成過來的，該培養感情基礎的時候不知道米秀是考託福還是幹嘛去了，現在往回找顯然來不及了，只能往前看。唉，米秀起步顯然已經晚了 5、6 年，必須迎頭趕上。

其次就是朋友的朋友，或者是同學的同學，參加各種聚會認識的了。這個為數不少，有個 5 對。這是個最有可能的機會，趕緊讓米秀複述細節。

米秀興致盎然，這一部分符合了她對一見鍾情的想像，因為這 5 對裡至少一方都明確表示，剛認識對方就有明顯好感，之後留電話，約吃飯，水到渠成。所謂一見鍾情、一拍即合、一來二去、一發不可收拾。按照這個思路，米秀要做的，就是頻繁參加

聚會，等待那個人上來相認。問題是往往上來與米秀相認的人，米秀都不想與他相認。

再有就是工作關係認識的了，也是5、6對。這個系列往往是以單相思和日久生情的劇情為主。要麼就是一個部門，或者是一個公司，還有是合作夥伴或者客戶，總之是近水樓台先得月的。這個部分只能讓米秀更迷惘，一則米秀的同事除了她的已婚老闆，剩下的是清一色的年輕女孩，二則這幾對都表示第一眼見到對方並沒有驚為天人的窒息感。按照米秀的公式，這就完全不對了，摸索了幾個月才品嚐到味道的飯菜，能是妳命中註定那碟菜嗎？

最後是以我為代表的，與純粹隨機遇到的人談起戀愛。這個模式，應該是米秀這樣的日系漫畫派最推崇的，電影電視經常表現的。比如，兩人在報攤前爭搶最後一本雜誌啦，女方丟了月票、男方一個箭步上來代付啦，女方在溜冰場跌倒、男方用結實的手臂扶住啦……

這方面倒還有真人真事，比如我在外資企業工作時期有一個女同事，就是因為在上課暈倒，才遇到了她後來的老公。據說在她即將倒地那千鈞一髮的瞬間，一個男同學從後面趕上來抱住了她，焦急而關切地問：「同學，妳怎麼了？我是醫生！」據女方後來瞭解，男同學其實是牙醫，一般不治療跌打損傷，當然，這不妨礙兩人按部就班地結婚、生子。

「我就說嘛，一見鍾情的成功率高。」米秀覺得又多了一條證據。

「問題是，這對夫婦已於去年離異。」我只好說出這個殘酷的結果。

「啊？不是吧。」

「聽說後來過起日子，男方他媽霸道蠻橫，婆媳不和，離婚了才平息戰事。當初一個扶著另一個電光火石的時候，沒法知道這些個家庭細節啊。」

無奈的結果多如牛毛，看來米秀是真不知道，我懷疑她對戀愛結婚的認知還停留在「王子與公主從此過著幸福的日子」階段。

我的資料是第一手的，應該最具有說服力。

「所以就不能拘泥於某一種既定形式，不能非得第一眼就是他，第一眼就是的，也未必真是！買條裙子還會後悔呢。這件事，沒有公式可循。」

塔塔也同意：「真命天子，甭管第幾眼，自己覺得他是，他就是了。」

我終於理出思路了：「米秀妳的問題，就是非要頭一眼定輸

贏，結果呢，只給了自己只能被別人看第一眼的機會。等別人再想看妳第二眼，妳已經跑得沒影沒蹤了，自己親手扼殺了後面的可能性！」

塔塔同意我的觀點：「就是啊，妳這麼多年，簡直過得就跟面試一樣啊！人家面試還有幾個回合的問答題呢，人家導演試鏡還得讓演員唸台詞呢，妳一照面一票就否決，還真乾脆。」

劈頭蓋臉幾句話說得米秀囁嚅起來：「我也不是一下子就說不行，我檢討過呀，覺得自己有問題以後，嘗試過一次跟沒感覺的人約會。」

「什麼時候的事，怎麼沒告訴我們啊？快說快說。」

「滅絕組」就喜歡聽個新故事。

「是一個做火箭發射的，別人介紹的，見了3回。」

這明明就是相親！

我和塔塔真是吃了一驚：「啊？相親啊，相親一見鍾情就更難了哎，這和妳的願望就整個背道而馳了呀！」

「但是個工作努力的好人嘛，我和他真沒話講。我堅持吃了3次飯，還是沒話講！」

「有病亂投醫妳這是！一個極端不成又調到另一個極端。基

本原則都摒棄了，毫無標準可言了。」

　　我和塔塔捶胸頓足。

　　「以後妳好歹給自己定個大方向，比如說，和妳一樣愛好點藝術啦，和妳一樣英文很溜啦，把大方向擬定好，至於感覺，允許慢慢培養！」

　　我已經跳出座位，比手畫腳，真是恨鐵不成鋼。

　　米秀允諾著黯然退席，我和塔塔望著她瀑布般的長髮飄逸而去，無限惆悵。

　　有關真命天子、白馬王子，每一個女孩都從小聽到看到太多，童話是王子遇到公主，傳說裡是前世轉到今生，還有韓劇、日劇，無不百轉千迴、絮絮叨叨，說盡了傷春恨嫁之心。唯獨忘了說，白馬王子駕臨之前，公主們都在做什麼。莫非公主正在草地上渾渾噩噩發呆，一抬頭就發現王子恰巧走到自己面前，王子恰巧就長得英俊魁梧，恰巧妳也是他中意這一款？

　　一個女孩長大之後，當她突然發現不努力爭取就沒有布娃娃的時候，就是走上了追尋和探索之路。如果站在那裡不動，美好的東西不會自己撲面而來，她必須往前走；即使她在向前走，她依然要逐漸學會辨認迎面而來的一切，危機和美好，往往都隱藏在表相下面。有道是「鑿石現奇玉，淘沙得黃金。」只站在沙漠

上張望，看不出油田來，必須深挖井，持續性操作；光在大海上揚帆，也發現不了大魚，必須廣撒網，努力捕撈。

如今，米秀開始和一個在畫廊實習的美國留學生約會，米秀真是老實人，我隨口說愛好點藝術、英文溜，米秀就拿把尺去找了。多虧我沒說膚色的條件，否則該留學生會因為是白人而落選。米秀說她現在很開心，那已經是一個美好的戀情，在此衷心祝米秀幸福。

不能拘泥於某一種既定形式，不能非得第一眼就是他，第一眼就是的，也未必真是！買條裙子還會後悔呢。非要頭一眼定輸贏的結果就是，只給了自己只能被別人看第一眼的機會。等別人再想看妳第二眼，妳已經跑沒了，親手扼殺了後面的可能性！

白馬王子駕臨之前，公主們都在做什麼。莫非公主正在草地上渾渾噩噩發呆，一抬頭就發現王子恰巧走到自己面前，王子恰巧就長得英俊魁梧，恰巧妳也是他中意這一款？

有道是「鑿石現奇玉，淘沙得黃金。」只站在沙漠上張望，看不出油田來，必須深挖井，持續性操作；光在大海上揚帆，也發現不了大魚，必須廣撒網，努力捕撈。

真命天子，甭管第幾眼，自己覺得他是，他就是了。

3
變心需要理由嗎？

　　忠貞從來就是個罕見的品質，國與國之間都可以撕毀條約，背信棄義，人與人之間的變心更是難免的。連珍妮佛・安妮斯頓和妮可・基曼都能被劈腿，可見這事在誰身上都有可能發生。

　　最傷心的部分往往不是失去他，而是自己的否定和對自尊的挫傷。

　　總有一天會哭到不哭，然後妳才會變聰明，原來每一滴眼淚都不白流。

我20歲的時候就認識也迪了，那一年也迪23歲，據也迪說，她曾經一度很討厭我。

我是在豐聯廣場的3樓遇見也迪的，她當時是一名化妝師。

那天，我逛到一個店門口，正被無數的明星照片吸引住，一個助理小妹馬上跑過來要把我拉進去。我剛要扭捏拒絕，突然聞聽裡面「卡嚓」聲不絕，閃光燈隨之一亮一滅。屏風掩映間我看見一個盛裝模特兒在改換姿態，人魚般的裙擺輕輕拂動，波浪捲髮被鼓風機吹起向後展開，眼睛與皮膚都熠熠發光，有如雅典娜女神！

我當時就被震住，張口結舌地盯著模特兒，動也不能動。助理小妹不費吹灰之力就把我發展成下一個客戶。

我向來不讓造型師喜歡，因為總是認為只有自己最瞭解自己，對化妝和髮型意見多多。輪到我拍照那天，逼著也迪將化好的妝改動數次，她兢兢業業地做完自己的工作，過程中沒怎麼對我笑過。

幾個月後，一個雜誌編輯從豐聯攝影師那裡看到我的照片，希望我給他們拍幾張平面照片用在雜誌裡。那一次，還是也迪給我化妝。由於要拍好幾個場景，攝影組忙了一整天，也迪給我補妝也補了一整天。我注意到也迪有著消瘦的臉和黑直的長髮，這兩樣一直是我很羨慕的東西。她工作的時候面無表情，嘴唇抿得

緊緊的，而休息時間一旦笑起來，嘴巴卻張得很開，露出雪白整齊的牙齒，眼睛擠成黑黑的月牙，真是判若兩人。

最後一組照片在我家取景，也迪先看到牆上掛的油畫有我的署名，確認果真是我畫的以後，第一次對我笑了，眼睛彎彎的，可真像黑月牙。我和也迪就這樣熟悉了，開始了我們漫長的友誼。

有一種友誼，雙方會一兩年才通一次電話或見一次面，比如我和也迪的。但見證我的第一次失戀創傷的人，恰好是也迪。

電話和見面屈指可數的時候，有限的時間就會用來交流人生重大問題，濾掉無聊瑣事。

2002年我們通電話，也迪決定學習攝影；我決定放棄做播報員，改當上班族。

2004年我們通電話，也迪決定承包豐聯廣場的攝影棚；我決定考研究所，暫時告別上班族。

2006年我們通電話，也迪決定學習Photoshop自己修片；我決定註冊設計公司。

2006年的這一通電話有所不同，我們做的事好像突然有了交集，簡單溝通後，我帶了Photoshop課本，第二天一早到了她家。

那天我給她示範了初級修片方法，她給我做了午飯。

吃飯的時候我問她做化妝師的起因，她就從一個人背著行囊來到北京講起，講這一路走來如何坎坷輾轉，如何越戰越勇，一直講到華燈初上，夜幕降臨。

我聽得入神，漸漸對她的堅強肅然起敬。可見初相識的時候，我在她眼中一定是一個順風順水、頤指氣使的北京丫頭，她當初對我的厭煩不難想像。

故事講完已經將近午夜。也迪給我穿了她的睡裙，讓我在她家睡下。說晚安的時候我的手機突然響了，一看是前同事打來的。

「妳男朋友現在在哪裡呢？」她劈頭就無端問我男朋友，好生奇怪。

「他在深圳出差呢啊。怎麼了？」我隱隱有種不祥之感。

「我們同事Bob剛才在三亞天域酒店的大堂看見他了，和一個女的！」

也迪正緊張地盯著我看，我的臉色肯定突然間變了。

「不可能……他……他看錯了吧？」我的語氣明顯軟下來，不願意讓自己相信。

「不會，Bob 說還叫了他名字，他還答應了呢。他躲躲閃閃地，肯定很緊張啊。」

證據如此確鑿，我甚至不敢再追問細節。

電話掛掉之後，就像言情電視劇裡描寫的各種晴空霹靂情節一樣，我無力地癱坐在地板上，眼神空洞。只覺得一股寒氣從地上升起來，漸漸淹沒我的全身。千真萬確，在北京的盛夏季節裡，我竟然開始無法控制地瑟瑟發抖，從腳趾到手指，連牙齒都發出「咯咯」的聲音。我聽著自己牙齒的聲響卻有無力停止，就好像是另一個人發出的，覺得格外恐怖。

我一瞬間喪失了思考能力，無論如何也找不出頭緒，不能相信這樣的情節會在我身上發生。怎麼會呢？我從小德智體全面發展，我好好學習，我愛讀書，我考上研究生，我五官端正，我身材勻稱，我會畫畫，我會做飯……究竟是哪裡出了問題？什麼時候出了什麼問題？我怎麼會毫無察覺？一切怎麼會是這樣呢？

我告訴也迪，這個戀愛已經談了整整兩年，大家都誇我們女貌郎才，門當戶對，雙方父母都已見面，男友亦沒有告訴過我他對我有所不滿。眼看戀情平穩前進，還曾經天真地以為兩個人就這樣綿延到下半生了，萬萬沒想到會有今天。

我緊緊裹住也迪遞給我的小毯子，心力交瘁。

　　「妳打算怎麼辦？得找他問清楚吧？」也迪知道今天晚上肯定沒法睡了，索性陪我聊出解決方案。

　　「我當然要問清楚，但問了之後怎麼辦？我自己要先想清楚啊。」我的腦子是亂的，但我真的不知該從哪根線頭開始打理。

　　「想清楚什麼啊？」

　　「事實已經這樣了，再問也就是來龍去脈，重要的是，然後呢？我是跟他分手，還是繼續下去？」好了現在我似乎有了兩條路可以選。

　　「就這麼分手妳甘心嗎？繼續下去妳能忍嗎？」也迪把兩個問句噹噹地拋出來，鋒利極了，刺得我心臟碰碰地疼。

　　「我不知道。」我把臉掩在雙手裡，緊緊地咬著嘴唇。我知道剛才的鎮定完全都是佯裝的，我其實下一分鐘就要哭出來了。

　　我一夜未眠。

　　第二天，我當著也迪的面給男友打了電話，他承認了，他已經和被目擊的女人來往了半年之久。他道歉數次，然後信誓旦旦地告訴我他絕不會再與之來往，並且從未打算和我分手。我問他為什麼這樣做，他說他不知道。我說我問的是動機，他說他真的不知道。

也迪一直摒住呼吸聽完我們的談話，終於問我：「妳現在什麼感覺？」

「我感覺被騙了！我一直努力爭取的美好生活被人給毀了！我整個人被否定了，而且沒有給一點理由！」

其實昨夜輾轉反側的時候我已經反覆想過，令我感到痛苦的究竟是什麼？是失去自己心愛的東西，還是被欺騙的屈辱？是希望的破滅，還是對自我的否定？這些負面的東西全部交織在一起，真是可以把人拖垮的。

「對啊，他根本沒告訴妳為什麼，那妳憑什麼相信他能改啊？妳都不知道病根在哪兒？」

「嗯，我必須得搞清楚到底哪裡出了問題。」從小就知道治病是要治本的，我決心死也要死得明白。

很快，他回到了北京，我發現糾結的生活才真正開始。兩個人的關係與形勢已經完全無法回到從前。經此一劫，我已經草木皆兵，好像他的每一句話都含有謊言，每一個舉動都有破綻。而導致他劈腿的本質原因，仍然沒有水落石出。每當我要求深究，便引發冷戰、對峙，最後惡言相向。有一天他終於忍無可忍，有氣無力地告訴我：「不要再問我了，我真的不知道。不是所有人都像妳一樣，做什麼事都清楚地知道自己的動機。很多時候，人，想那麼做，就那麼做了。」

我於是放棄了追問。

真相大白的時候當然會痛苦，但那痛苦來得尖銳而短暫，而更難受的是剩下來的委屈，又臭又長。魯迅說，苦，又不知道苦的根源，我覺得那說的就是我。每一天都知道自己生活在沼澤裡，卻還在裡面走，不知道哪裡有陷阱，下一腳就有可能踩下去。

半年過去了，一切都沒有好轉，我覺得越來越無助，只好給也迪打電話。她對於我來說是一棵知情的稻草，不能救命，卻彷彿能讓我的疼痛暫時減輕。

「你們沒有分手？那不是很好嗎？」也迪以為是好消息。

「我們現在關係很差，其實跟分手也差不多了。」我真是說不出的沮喪。

「那妳等什麼呢？」

「我仔細想了，還是不知道自己哪裡做得不好。我覺得這樣就分手了，失敗得沒有理由。」

從小到大，表現好會受表揚，表現不好會被批評和淘汰。這才是我能理解的邏輯。

也迪猶豫了一下，說：「我後來也想了，就是沒跟妳說，怕

妳接受不了。」

「妳說吧，我接受得了。」晴天霹靂已經過來了，還有什麼接受不了的呢？

「要我說，妳還是很好，也沒做錯事，但他就是不喜歡妳了，足夠喜歡一個人是不會劈腿的。妳明白了嗎，他變心了就是變心了，沒有理由！」

「沒有理由？」我重複了一遍。

「對，沒有！記得我們倆2002年、2004年打過的電話嗎？妳說妳不想當播報員了，我問妳為什麼？妳說了一堆原因，最後妳說，其實就是不喜歡了！」

我沉默。

也迪接著說：「妳看我們倆這幾年，都換過工作和行業。妳能說當播報員不好嗎？那麼多人都搶著當呢，可妳不喜歡就不幹了。妳當時需要給自己交代理由嗎？」

「妳說得對。」我說：「我現在不分手，可能就是想要給自己交代吧！給自己一個原因，讓自己接受戀愛失敗的結果。」

「戀愛失敗怎麼了？丟人嗎？非得清清楚楚擺出原因嗎？妳太要強了吧？人家就是不喜歡妳了，妳戀愛就是失敗了！妳不接

受也得接受啊！」

　　也迪不愧是北方姑娘，直接得驚人，把我噎得夠嗆，只好倉皇地掛了電話。

　　不久以後，我再次發現了他和那個女人仍然在來往的蛛絲馬跡。這一次，我什麼也沒有問，照常出了家門開車去工作。

　　我清清楚楚地記得那一天，天陰沉沉的，我沿長安街由西向東行駛，沒有開收音機，也沒有放音樂，就那樣聽著車胎沙沙碾過瀝青路面，看著前方，一直開一直開。經過天安門的時候，我聽到自己無聲地對自己說：「我，承認自己戀愛失敗了，我接受我的失敗。」說完之後，我的心豁然開朗，迎來了久違的寧靜。終於明白，還能忍的時候，才怨聲載道；真正受夠了的時候，心情會出奇的平靜，轉身別過，毫無留戀，不帶走一絲雲彩。

　　一年以後，我接到也迪哭著打來的電話，她告訴我她的男朋友突然離開了她，沒有告訴她任何原因。我想把她曾經告訴我的話再說一遍，但終於沒有。我想她都是明白的，但她仍然會傷心哭泣，仍然需要朋友的安慰。每一天，在城市的某個角落，相似的劇情總是一再重演。於理，我們可以告訴自己變心就是變心，不用去問理由；於情呢？那些過往種種，就此煙消雲散，情何以堪？

　　我們都以為，變心的戀情只會發生在電影和小說裡，只會

發生在別人身上。我們都以為自己是不同的，只要我們用心和努力，我們就能握住自己的戀情，能最終力挽狂瀾。但是，真正的生活不是這樣的，不是努力就一定會成功，不是付出就一定會有回報。尤其是愛情。

真相大白的時候當然會痛苦，但那痛苦來得尖銳而短暫，而更難受的是剩下來的委屈，又臭又長。

妳還是很好，也沒做錯事，但他就是不喜歡妳了，足夠喜歡一個人是不會劈腿的。明白了嗎，變心了就是變心了，沒有理由！戀愛失敗怎麼了？丟人嗎？非得清清楚楚擺出原因嗎？人家就是不喜歡妳了，妳戀愛就是失敗了！不接受也得接受！

還能忍的時候，才怨聲載道；真正受夠了的時候，心情會出奇的平靜，轉身別過，毫無留戀，不帶走一絲雲彩。

不是努力就一定會成功，不是付出就一定有回報，尤其是愛情。

4
錢是999純金

　　各種心理作祟，我仍然很難做到開誠佈公地與男性聊錢。但錢的問題又是個大問題，出生到死都跟定妳，當妳變成你們，就跟定你們。不是聊絕對值，而是要聊價值觀，價值觀才是大事，直接關係終身幸福，所以不能迴避。

　　我說的是跟男性聊，不是跟他要。給嘛，可以拿著；要，就是兩碼事了。還是自己儘量多掙，錢多終歸根基穩。

2008年春天，小曼有了新的追求者，是個年輕的歸國創業青年，模樣端正，據說生意還小有規模，姊妹們無不為之歡欣鼓舞。

小曼單身有一年了，兩段過往戀情都是她自己親手掐斷的，之所以無果，應該說與她特立獨行的性格有直接關係，欲知細節，可以翻閱本書其他章節查找比對。

小曼的性格與她的外形一樣，在廣大女郎中絕對別致惹眼，讓初相識的人印象深刻。

先說說外形。

首先，她高，比我活活高出10公分。想當初我5歲、她3歲的時候，我又白又圓，她又黑又矮，可惜這種鮮明對比只保持到我12歲、她10歲的那個暑假。從此以後，我就完全從了我媽嬌小的遺傳基因，沒再長高過。只能眼巴巴地仰望著小曼如竹筍版節節生長，終於出落成一個標緻的京城長腿大姑娘。

其次，她的膚色也占了時代的便宜，小時候的黑長開了以後就是時尚的古銅，尤其反光以後，光滑黝亮，永遠用不著曬日曬燈後天上色。唯一不好的是這個膚色制約了她的造型，只能是運動或狂野，婉約起來怎麼都不像，好在她也從來沒指望自己走婉約路線。

　　除此之外，小曼生就標準的瓜子臉和細胳膊，但凡長胖，都只長在身體中段衣服底下不明顯的地方，上面還依然是瓜子臉和細胳膊，特別氣人。

　　所謂相由心生，小曼的性格和外表真是裡應外合。除了具備諸多北京姑娘的大氣、自信等普遍特點外，在對自己和人生各項重要指標的要求上，更加有原則，有主意，絕不妥協和苟且。否則，小曼也不會毅然決然地結束前後兩段不理想的戀情，也不會和我們志同道合，組成堅如磐石的「滅絕組」。

　　這次新的追求者出現，且前景看好，絕對是組裡大事；只要是關乎每一個成員健康、前程、人生轉折的決定性時刻，我們都會本著為彼此負責的精神，發動集體智慧，組團探討。

　　「滅絕組」在第一時間集合，與追求者開展聯誼活動，首選活動內容一般都是吃吃喝喝。

　　飯桌上，賓主頻頻舉杯，追求者皮膚白，氣色好，酒量也不錯。尤其是聊天幾個回合下來，話題始終收放自如，談起世界大事也頗有見地，再加上不易察覺的一絲東北口音，更顯得氣勢遼闊。席間他還談到了對自己未來的展望，包括如何拓展蒸蒸日上的生意，如何在全國各地開枝散葉。整個商業計畫絲絲入扣、步步為營，聽得我這個創業女子振奮不已。追求者肯定已經十分戀慕小曼，時而暢想時而熱切地注視著小曼的瓜子臉，小曼也

露出了久違的柔和神色。這神色便是一個樂觀的徵兆，我們早就說過，真的佳偶，一定會春風化雨，使我們的桀驁與夙怨漸漸褪去。

　　飯後感想大匯總，該追求者獲得了「滅絕組」一致好評。如果說有美中不足，只有追求者的身高。「滅絕組」早有研究，為了保證兩人走路和照相好看，摟抱位置舒適，男方需要比女方高出個15公分左右，也就是說，女方大概其應該到男方耳垂的位置。其實追求者雖然比標準身材稍嫌多肉，但也不算矮，而小曼的身高是172公分，找到一個德才兼備再比小曼高出15公分的男性，基本就是恐龍級罕有。所以為了小曼的幸福，身高這項標準只能忍痛放寬。

　　「滅絕組」雖然性格各異，但對戀愛對象的要求長期以來還是比較一致的。借用一套市面流行標準，提煉出來完全可以總結為「三T原則」。英文是：True Man,True Love,True Money。按照我們的意思翻譯過來基本就是：真猛男，真感情，真金白銀！至於「真」到什麼程度，我們的標準肯定不同，但個人心中有數，尤其第三條，我們對外都不好意思明說，怕顯得自己世俗了。如今眼看到追求者有希望應了「三T原則」，大家紛紛鼓勵小曼就此展開一段前景美好的新戀情，小曼自己也格外期待。畢竟，芸芸眾生中，遇到三T男約會吃飯，自行培養醞釀，進展亦無須多問。

　　轉眼到了夏天，我正處心積慮地伏案修改報價，小曼突然打來電話，語氣沮喪，說和新人出現了新問題。

　　她說現在狀態有點奇怪，讓她覺得很不舒服。三Ｔ男雖說一直向小曼表達他的愛慕之情，但一忙起來，比如談事開會的時候，電話就特別少。他們見面也不多，因為三Ｔ男老出差，偶爾吃飯也經常是帶著小曼和若干生意夥伴一起吃，吃的時候他們還談事，有時候外加喝酒，小曼就只能旁聽。聰明自主如小曼，談戀愛非但沒有花前月下，還要忍辱負重陪男方出席應酬酒席，無聊程度，可以想像。

　　早在飯桌聯誼活動，我們就看出三Ｔ男準是個事業狂，但沒料到這麼典型。我推斷他關注的事情可能大部分不在談戀愛，而在賺錢上。和事業狂談戀愛的最大弊端就是，他絕無大把時間用來陪伴女友經營二人世界。但小曼並不是需要人經常陪的嬌嬌女，連她尚且都不滿意，想必三Ｔ男做得是相當不及格。

　　「其他我們聊天什麼的都還不錯，他真是一個很有想法的人，也說我就是他理想中的女性。但是他老問我想要什麼，他去給我買，我說我不要。這個讓我最不舒服！」小曼終於說到問題關鍵。

　　「什麼？」

　　我頭一次聽說這算問題，頓時覺得十分新鮮有趣。

「談戀愛送禮物很正常，幹嘛不要？有什麼不舒服的啊？」

「不是過節和生日，就是平時，他也認為我需要他給我花錢。我想要什麼完全可以自己買！我跟他談戀愛，但不是要他供養。他這麼想，就是沒當我跟他平等！」

不愧是小曼，太有性格了！多少故事都是女方嫌貧愛富的劇情，現在有女孩為了捍衛平等拒絕男方的錢財，真是聞所未聞！

平等當然在愛情關係裡至關重要，但為什麼在我的認知裡，從沒意識過平等和接受錢財有任何矛盾呢？我稍微思考了一下，馬上發現她的邏輯有破綻。「談戀愛，雙方都得投入，對不對？」

「對！」

「投入的形式有好多種，投入感情，投入時間，投入金錢，都算吧？」

「算！」

「既然都是投入，妳為什麼抱怨人家時間投入少了，同時又抗拒人家金錢投入多了呢？時間和錢，都是表達感情的形式。」

「希望他多花點時間和我在一起，是為了溝通。但我要吃他的穿他的，我就成了寄生婦女，就很難有尊嚴了。」

　　尊嚴！好大的一個詞，小曼的形象突然威風凜凜地出現在我腦海裡，她目光堅毅地矗立在懸崖上，下面有各路勇士捧著金銀財寶往上爬，好不容易爬到小曼腳下，小曼只輕輕地掃了一眼，淡淡地說：「都下去吧，我自己有。」

　　「比如有的人1個小時就賺1000，他不工作陪妳5個小時，就少掙了5000，這不是錢嗎？妳要時間，時間一量化比直接給錢還貴呢！妳要的是他的時間成本，妳要的是他放棄賺錢來陪妳！他可以為了妳直接扔錢，但不可以給妳錢，是這個邏輯嗎？」

　　「……讓我想想。」

　　我感覺自己說出了道理，馬上乘勝追擊：「他投入近千，也許就是為了彌補時間呢。妳不要，就是拒絕他感情的投入，剝奪了他對妳好的權利。妳的目的是想和他談戀愛，和他繼續發展，又阻礙他的投入，這是矛盾的。」

　　「不對！對我來說，在一起的時間非常重要，這個拿錢彌補不了。如果他認為能彌補，那我和他對錢的功能的理解就有很大差異。」

　　「有可能，錢就是他的溝通和表達方式，就相當於他對妳說的甜言蜜語，哈哈哈。」

「這個方式我受不了！不是什麼事拿錢都能辦的，看不見人，只看見錢，不是生活！」

小曼這最後一句說得太好了，其實這整件事剖析開來，和尊嚴關係不大，而是金錢觀問題！

金錢觀！這個問題又大了，具體到針對錢的討論，在我們「滅絕組」裡好像一直還是空白。這不能賴我們。大學畢業以前，無論學校還是父母都沒有給予過我們直接的有關金錢的教育。我們模糊地知道要以勤儉節約為榮，以驕奢淫逸為恥。我在成為創業女人之初，依舊一身書生氣，一口文藝腔，談起錢來特別心虛和扭捏，老覺得自己庸俗不堪。像小曼這樣抵制三Ｔ男的錢，是不是也跟我曾經抵制和客戶談錢的心理一樣，唯恐玷污了我們在自己內心的純潔形象，那個純潔形象應該勤勞、善良，不為金錢所動。

我這兩年剛剛調整心態，既然開張做生意，無論大小，但求盈利。逐漸嘗試以一個小販的本分來要求自己，逐漸在自己內心樹立起一個標準小販的形象：勤勞、善良，用勞動產品換來應得的金錢。也是時勢造就小販，再不調整心態，我就餓死了。

這個問題太值得深入討論了，我於是建議小曼掛了電話，晚上「滅絕組」對該議題再集中討論。

夜幕降臨，討論正式開始，由我先對小曼提出問題：「先不

說他，妳對錢的功能是怎麼理解的？」

「錢能做好多事，也有好多做不了的。都說錢不是萬能的。」

塔塔說：「對，比如，錢買不了時間。」

小曼馬上進入邏輯分析狀態：「原則上是買不了，但是，比如我們倆都必須去新疆辦事。妳沒錢，火車坐3天；我有錢，坐飛機，幾個小時飛到了。我的生命就是比妳多出來兩天，這兩天算不算我拿錢買的？」

塔塔說：「錢買不到愛情。」

小曼看樣子早就想到了，馬上接話：「比如兩女孩天生的長相才智都差不多，一個家有錢，打生下來就吃香喝辣的，氣色好身體棒。然後又上好學校，還學鋼琴學芭蕾。另一個正好相反，營養不良，上一個五流學校，中途還輟學打工。妳要是一個男的願意要哪個？」

塔塔說：「那可難說，我就喜歡野百合。」

我也不甘示弱：「我們3個誰也沒學鋼琴和芭蕾，還就沒人願意要我們了？」

小曼沒理我們倆，繼續說：「就說一個女孩，她的生活品質、健康水準、教育程度、美容護膚都隨著金錢水漲船高了，是

不是直接導致愛情競爭力也高了？」

塔塔說：「那她要是長得不怎麼樣，怎麼有錢我看都沒用啊。」

我樂死了：「萬中挑一的就別搬出來說了，小曼說的是一個大多數，是理想模型。」

塔塔說：「錢買不了健康。」

我接著小曼的思路繼續分析：「太買得了啦！我們倆都得絕症，我有錢治，又活10年，妳沒錢治，只能再活3個月。」

塔塔不樂意聽她得絕症的例子，翻著白眼說：「那不是到最後妳還是得死！」

「是得死，大家最後都得死。但是妳說除了錢，還有什麼可以去找到最好的醫生和藥物，能讓人扛到最後？錢辦不到的，什麼都辦不到了。錢是不是萬能的，但是還有什麼比錢更接近萬能。也就是說，錢，無限接近萬能！」

我已經在為自己瞬間得出的結論暗暗吃驚。「要是排隊，就是：萬能，錢，其他事物。」我補充。

「錢就是999純金！」塔塔脫口而出。這個比喻真是太有才了，我和小曼都覺得貼切得不得了，也為我們今天的結論再一次

震驚。

「不對！錢就是不能買愛，愛的力量應該比錢大，要不然這世界太無情了。受不了！」塔塔依然糾結於錢能不能買愛情，有點無法接受她剛總結出的精妙結論。

我同意，人是熱的，錢是冷的，這世界是人主宰的，不是錢。「愛？愛是生出錢的能源啊。愛所愛之人，愛自己，就是因為有愛，讓別人和自己都生活得更好，更美麗、更健康，才去掙錢呢。這個愛比愛情大，必須是大愛！」

我繼續想，愛這麼高尚雋永，錢這麼庸俗淺薄，然而它們緊緊相連，互相做伴。

「有愛，就有信念去掙999純金，然後生出更多的愛，這個世界就是愛和999純金的迴圈。999純金是方法，愛才是目的！」

我們真為自己的結論感動死了。

大家沉吟了一會兒，我方才想起今天議題本來的出發點：「所以說小曼，三T男就是為了愛，去掙錢，然後再把錢奉獻給妳，這就是愛啊！」

小曼反應依然很激烈：「這個就是受不了，我要的是談戀愛！戀愛是用談的！我就是要這個男的，在我面前，看著我，聊天！」

　　雖然小曼的態度沒有得到轉變，但「滅絕組」多時的困惑真正解開了。我們第一次，讓自己面對錢，討論錢，毫不羞恥地肯定了錢的用處。這時「滅絕組」的一小步，但我們認為絕對是現代女性金錢觀的一大步！

　　兩個月後，三Ｔ男表達感情的方式依然故我，看來人的格局一旦形成，很難改變了。小曼有些失望，拒絕再陪同應酬酒局，倆人見面越來越少，然後漸漸淡了。

　　突然又有一天，小曼打電話來，說三Ｔ男托人送給她一大箱海鮮，她正在外面辦事，委託我接收一下，順便加工了吧。

　　當天的晚飯特別豐盛，「滅絕組」圍坐在餐桌旁，捏著新鮮的螃蟹腿，蘸著薑醋汁，說三Ｔ男真的很有意思，用海鮮給戀情畫上圓滿的句號。小曼也許真的不適合他，但總會有適合他的女孩。

　　我們吃鮑魚的時候，自然而然地又聊到了錢，這個999純金。吃飽喝足，我們繼續各自憧憬著新的三Ｔ男出現在我們的生活，因為我們知道，至少其中的兩個Ｔ，True Love和True Money，是互為因果，生生不息的。

3個原則：True Man,True Love,True Money。翻譯：真猛男，真感情，真金白銀！

錢不是萬能的，但是還有什麼比錢更接近萬能。也就是說，錢，無限接近萬能。

有愛，就有信念去掙999純金，然後生出更多的愛，這個世界就是愛和999純金的迴圈。999純金是方法，愛才是目的！

所謂新女性的獨立，不是說男人給錢死活不要，非要堅持自負盈虧，那樣等於殘忍地剝奪了分享和給予帶給男性的幸福感；新女性獨立的重點在於，萬一男人跑了或者破產了，女人不至於一窮二白、手足無措，自己仍然還能養活好自己。

5
大家都愛成功人士

愛清潔，身體好，愛看書，有趣，夠膽，剛柔並濟⋯⋯以上6條至少能做到3條，以及有錢，錢還都是自己掙的，還要可持續發展。這樣的人精就可以算成功人士了。

萬一真有命遇到了這樣的人，妳的氣質要能匹配他的跑車，否則沒戲。

就算妳配他的跑車，他也得真心喜歡妳，否則還是沒戲。

　　我深深記得我第一次遇見Ｌ哥的情景。

　　經人引薦，我到一家高級粵菜餐廳去與主管商榷店面改良設計。談話接近尾聲，包廂門突然被打開，走進來幾個人，中間一個年輕男人神色冷峻，黑色襯衫平展簡潔。正在與我交談的餐廳主管等人立即噤聲紛紛起立，垂臂低頭道：「Ｌ哥！」身著黑襯衫的男人微微頷首，逕直走到圓桌前坐下。

　　我馬上明白來人不可小覷，於是也慌忙站起，見大家都又落座，我也隨之小心翼翼地坐下。

　　趁主管與Ｌ哥低聲交談的時候，我偷眼打量他。他的臉修長瘦削，但氣色很好，膚色白皙而有光亮。談話間，服務員畢恭畢敬地端上一碗白飯，一碗湯，一隻龍蝦。Ｌ哥於是不緊不慢地在我們面前吃起他的晚餐，中間問起餐廳設計進展，向我點頭微笑。晚餐吃完，Ｌ哥的手機響了，我這才真切聽到他的聲音。

　　關於評價人的講話嗓音，我可是專業的，因為科班4年就只學了這個。我可以負責任地說，這位Ｌ哥的嗓音足令人耳朵一亮，音質與發聲堪比以說話為生的從業人員，胸腔共鳴好，吐字又鏗鏘有力。許多從業人員尚需讀稿，而Ｌ哥的表達清晰流暢，邏輯性極好，我不禁在心裡給了一個「讚」。

　　電話只持續了1分鐘，Ｌ哥平靜地說了一句結束語：「籌備一下，再開一家店。」然後即刻收線，起身離去，黑色衣袖只一

閃，就消失在包廂門口。這位 L 哥從入座、交談、吃飯、打電話再到離開，堪稱乾淨俐落，一氣呵成，我看得呆掉了，心下猜測我自己剛剛一定見到了傳說中的成功人士。

有錢人我頗見過一些，但成功人士和有錢人是不一樣的。有錢人容易患得患失，也容易張狂聒噪。

人和人很不一樣，錢財加身之後，有的人會讓自己的心靈更自由，有的人則相反。如果與其作為朋友往來，會發現當人不再為生活所累，真性情反而盡顯無遺，可愛之處很多。然而由於職業關係，我往往都以廠商對客戶的身份面對各種有錢人，總的說來，頤指氣使的多，氣定神閑的少。

我尚未成為有錢人，所以眼界總是侷限，不知道等到用錢都能搞得定的時候，是不是仍然能做到誠懇有禮。反正在我看來，荷包和皮相都讓人覺得好看，身家和修為能雙贏，才能算是成功人士。L 哥當仁不讓，必須入選。

一個月後，我與塔塔歡天喜地地受邀參加《男人裝》雜誌女郎吃喝聚會，地點在城中另一家同名高級粵菜餐廳。一進包廂，我就看見一個勻淨男人端坐於大桌對面，衣裳雪白，周身仿佛環繞著小宇宙——又見 L 哥！我一陣激動，馬上小聲通知塔塔注意。塔塔卻又認出了包廂中好幾個熟人，正在寒暄不止。

終於坐下來吃飯，一大桌人聲鼎沸，穿了白衣服的 L 哥此次

鬆弛活潑了好多，席間換了好幾個話題，次次引得大家熱烈回應。塔塔最愛打聽新鮮事物，聽到Ｌ哥講到馬球與滑水，簡直樂不可支。聽到最後，塔塔已經仰慕之情溢於言表，這下才想起問我Ｌ哥是何許人。我說據我猜測，這幾家粵菜餐廳應該是他的吧，但是妳瞧他穿衣，妳瞧他聊天，妳瞧他舉手投足，真不像開飯館的，多有活力。塔塔和我少女之心大氾濫，埋頭竊竊私語，極盡各種瑰麗的想像和猜測，對桌對面的Ｌ哥展開無限神往，再回過神來飯局已經接近尾聲。

說起來，我做小買賣，塔塔混跡娛樂記者圈，出道以來見過各路人才，但Ｌ哥這樣的形神兼備者，絕對鳳毛麟角。要說娛樂明星與商業才俊，那都是經由娛樂公司和商業宣傳打造出來的，而眼前這活生生的Ｌ哥，是我和塔塔在沒有任何渲染暗示的情況下，自己在人堆裡認出來的！怎能不雀躍？怎能不歡欣？

塔塔和我對成功人士的喜愛，由來已久，塔塔則表達得更為直接和強烈。

記得有次塔塔隨一個宣傳活動去了趟三亞，回來告訴我一件有趣的事。

塔塔到了亞龍灣，趁晚霞滿天，一個人踱步到海邊。看著蒼茫無邊的大海，難免觸景生情，新仇舊恨都湧上心頭。塔塔覺得過去的歲月業已過去，面對浪花滾滾，應該立下人生的遠大志向。

於是塔塔見四下無人，屏足一口氣，面向大海張開雙臂，讓海風吹拂著長髮，盡情尖聲呼喊道：「我要嫁給有錢人！」

塔塔話音剛落，突然周遭想起一串回聲般的刺耳呼喊：「我也要嫁給有錢人！」

塔塔嚇得一陣哆嗦，以為見了鬼，臉都白了。再一琢磨，這回聲為什麼憑空多了個「也」字呢？定一定神循聲望去，但見50公尺外礁石後，一個年輕女孩探出頭來，與驚詫中的塔塔坦然對望，然後咯咯地笑起來。塔塔瞬間與這姑娘成為莫逆，也忍不住笑了，最終兩人變成遙遙相對哈哈大笑，直笑到塔塔摀著肚子彎下腰去。塔塔說她年老之後都會記得海邊這一幕。

時代果真進步了，女孩們都敢於面對蒼天大地明目張膽地說出心中志向，且不以愛有錢人為恥。

長大懂事以後，我開始不理解為什麼人們總是詛咒謾罵想嫁給有錢人的女孩。女孩都想過得好嘛，誰不想過得好啊？對有錢和有權力的男人產生更多的感情是合乎邏輯的，這好比石器時代女原始人會去挑選強壯的男原始人，因為他獵獲的戰利品更多，跟著他，有肉吃！

這不能粗淺定義成唯利是圖，只是把錢當成一個擇偶前提大條件，跟把身高長相設定成條件區別並不大。但是除了錢，還得有內涵能交流吧？還得有趣味逗我們樂吧？所以說我們最愛的是

成功人士，是有錢人裡的菁英。女孩們就這樣把標準越定越高，範圍越收越小，任務就越艱鉅了。

我們也瞧不起有錢就行的女孩。第一，如果只是看上了他的錢，要等到把這錢弄到自己名下了，才算大功告成。能賺著錢的人就不是傻子，我們覺得走上這條路凶多吉少。第二，沒感情的條件下，跟人家好了就要人家給錢，屬於商品交換，就沒把自己當人；或者是在沒感情的情況下，為了可持續發展先不要錢，又會讓人覺得是竟然啥都不圖就圖男女關係，那不成了真淫蕩，更要命。

所以說真感情和真金白銀，都非常重要，缺一不可。從成功人士身上，同時發掘出這兩樣的機率，當然大些。

都說立志要趁早，我和塔塔就是醒悟得晚了。不知道怎麼回事，打小就以為有錢人就等於壞人、狠心人。小時候誰家跟誰家都差不多，沒有對比感覺挺好。後來慢慢長大了，才覺得人有我無是一件挺失落挺委屈的事。好在又被教育說好好學習考上大學就能實現心中理想，從書裡看出黃金屋來。結果我和塔塔大學畢業都好多年了，人還住在爹媽的房子裡呢。

除了受教育，我們也看過童話，知道除了醜小鴨可以變成天鵝，灰姑娘也可以嫁給王子。我們心裡面的小夢想，一直在暗暗燃燒。

社會主義新社會，消滅了封建貴族，當然是沒有王子了，美麗善良卻買不起華麗裙子的灰姑娘卻還是存在的。那麼新社會裡，什麼人能等同於王子呢？塔塔說：只是簡單意義的有錢是不行的。王子是有錢，但人家王子不花大把時間來算計錢，所以唯利是圖的商人是不成的；王子還要英俊有氣質，有禮貌有文化，放眼望去，只有富於內涵的成功人士勉強能達到這個標準。

我的認知略有不同。我覺得王子除了有錢，還得有權勢，還能得到萬民愛戴敬仰。灰姑娘嫁給王子以後，不但有了水晶名牌鞋和豪華馬車，還能在城堡鮮花大陽台上像世界小姐那樣微笑招手，母儀天下。我想來想去，覺得只有做江湖上大哥的女人能實現以上諸條。大哥一路從血雨腥風裡成長起來，英武無比，氣衝霄漢，而大哥的女人每天穿金戴銀，前呼後擁，被尊稱為「大嫂」。大哥人前冷酷無情，唯獨人後對大搜柔情蜜意，真正鐵漢柔腸！

我所見到的Ｌ哥手下在他蒞臨時那卑躬屈膝的一句「Ｌ哥」，重新喚起了我埋藏多年的遐想。

塔塔首先按捺不住，也算是工作需要，剛好需要採訪當今國內馬球運動的先行者和代表人物。功夫不負有心人，塔塔逾越層層障礙，終於約見Ｌ哥成功。

塔塔帶著雜誌社的編輯，與Ｌ哥一起從馬會歸來後，馬上給我打電話：「我愛死Ｌ哥了！」

　　塔塔在這麼短的時間內，用這麼強烈的語氣表達對一個異性的熱愛，還是第一次。要命的是，我也一點不覺得噁心。

　　塔塔興奮過度，滔滔不絕：「就我們吃飯那幾個粵菜餐廳，算什麼啊？算什麼啊？人家L哥產業躲著呢，那就是個點綴。我們老去的那堆夜店，L哥有好幾個！這也只是一部分，還有好多好多其他的產業！」

　　「哇！」我確實給驚著了，同時肯定了自己當初就火眼金睛，第一面就看出L哥不同凡響。

　　「現在L哥經常不在國內，他代表中國參與國際上的馬球比賽，都拿獎了！帆船他也玩，體育類的他都成。L哥太棒了！我愛L哥！」

　　我也覺得很激動，這麼多年來，尋尋覓覓，終於在北京地面上發現一個夢中情人，還說過話，還同桌吃過飯！

　　「而且L哥特別親切，我們去的時候，在八達嶺高速公路上，他一路講述自己的故事，大起大落的，聲音很平淡，但是特別好聽，我和編輯都被迷住了，一路都心跳加速。」塔塔說著說著語調都變得跟少女般又細又親暱了。我一陣嫉妒襲上心頭，哼，我怎麼就不在現場哪。

　　我和塔塔從此結成了堅固的L哥粉絲團。四處打探網羅L哥

的小道消息，尤其是關於L哥的戀愛狀況。我們倆漸漸不爽地發現，原來L哥粉絲團人數眾多，分散在京城各處美女出沒的地方，而且還有當紅小明星赫然在列！這也是難免的，好寶貝人人愛，我和塔塔只是站進了長長的L粉隊伍裡的兩個普通女孩，論什麼都拼不過人家，強中自有強中手。

尋成功人士不成，我和塔塔退而求其次，分別開始與心地善良的準成功人士談起了戀愛，談興正濃時，突然風聞L哥剛剛結婚了！

我和塔塔有點驚訝，又有點寥落，大概理解了劉德華粉絲的心路歷程。木已成舟，我們倆隨即開始居心叵測地打聽那幸運的新娘到底是誰，知情人回答說：「一個挺普通的女孩，也不是特別漂亮那種的，但是很善良，很聽話，很安靜。」

原來如此！我們都愛成功人士，成功人士卻並不一定愛我們這種類型。我們也很善良，但是不大聽話，不大安靜。但是總會有人愛我們的不聽話和不安靜，如果愛我們的人正走在成為成功人士的路上，那已經值得開始一段完美的愛情。

塔塔幽幽地說：「當初採訪L哥的錄音帶我還珍藏著呢，現在我採訪早都換成錄音筆了，但那帶子一直保存著。」

L哥簡直就像一個傳說，而我們最終要過的，還是自己真真切切的生活。

　　荷包和皮相都讓人覺得好看，身家和修為能雙贏，才能算是成功人士。

　　沒感情的條件下，跟人家好了就要人家給錢，屬於商品交換，就沒把自己當人。如果只是看上了他的錢，要等到把這錢弄到自己名下了，才算大功告成。

　　對有錢和權力的男人產生更多的感情是合乎邏輯的，這好比石器時代女原始人會去挑選強壯的男原始人，因為他獵獲的戰利品更多。

　　對一個人的崇拜不足以支撐瑣碎的日常生活。偶像要走下神壇，他談完世界觀也要去大便。

6
不想轉正的小三，不是好小三

　　小三都是執著的人，認準了才貌是自己的好，老公是別人的好，好的東西都要據為己有。但真正堅持到轉正搶下陣地的小三並不多見，因為到最後敵人不幹，往往自己也不幹了。

　　即使轉了正的小三，日子也不好過吧，打完攻堅戰，又打保衛戰，前半生做三，後半生誅三。

　　我一開始並不相信，像珠珠那樣端莊賢淑的女孩，也當了小三。

　　我尤其不相信一個有愛情理想的正常女孩，會存心當小三。當初肯定都是一個不小心，被有婦之夫撥動了心弦。

　　心弦一旦被撥動，那種共振是成癮性的，輕的如沐春風，重的盪氣迴腸，恨不能一振再振。本來正常戀愛也是這個道理，但是中間隔著一層社會禁忌，越難撥動，越婉轉動聽，之後真正成癮，愈演愈烈，越陷越深。

　　我知道這個情況的時候，珠珠的小三之旅已經啟程很久了。據珠珠說，早在她還是大學女生的時候，就已經和大光開始了交往。大光──是珠珠有一次不得不向別人提起他時，為了避免麻煩給他起的臨時綽號，竟然也就沿用了7年。

　　7年，這一場人生大戲，真正曠日持久。

　　早先我自然是不認識珠珠的，單就憑她現在的性格樣貌，可以想像她在大學時代，絕對是巧笑倩兮、百裡挑一的那一個，錯不了。除此之外，珠珠人很聰明，聊天時候盡是有趣的話題，工作起來也乾淨俐落，有模有樣。

　　大光也不是泛泛之輩，反正我至少在各種名目的精英電視訪談中，看見他好幾次。他應該就是市面上常說的成功人士。

　　他們倆怎麼開始的，我不知道。但是美女英雄素來相配，這個不難理解。大光比珠珠，要至少大上10歲。10歲也不算什麼，年齡當然不是問題。問題是，大光除了是珠珠魂牽夢繞的心上人之外，還是別人的老公，兩個娃的親爸。

　　很無奈，這個形勢一定，再悱惻的劇情也就此蒙灰了。

　　珠珠告訴我這個秘密的時候，她和大光已經在一起5年了。這不同凡響的5年間，珠珠從大學畢業，然後工作、加班、升職、跳槽，成長為一名貨真價實的都會獨立女性。如果不是因為陰魂不散的大光，珠珠和大家的經歷並沒有什麼不同。

　　本來即使是當了小三的女孩，和所有女孩的出發點也還是一樣，希望通過努力，讓一切心想事成，過上美好生活。愛情當然是美好生活中的重要一環，他們很早就明白，這一環是需要努力爭取的。形式上她們被稱為小三，但內容上，她們只是在實踐愛情願景，去愛自己所愛。不巧的是，自己的所愛，已經登記結婚，和別人發過了白頭偕老的誓。當小三不是她們的本意，愛情才是。

　　據我所知，小三們很多時候過著抑鬱和糾結的生活，苦，又不能為外人道。比如說，過完渾渾噩噩忙碌的白天，待到夜幕降臨，人家倦鳥歸巢，她何去何從？遇到姊妹結伴玩耍，互相詢問戀情進度，竟無言以對；每逢佳節，人家那邊舉家出遊，其樂融

融，唯獨她孤零零回家看望父母，母親每每歎息垂淚，逼問為何還不嫁人。

但是珠珠的生活，並不是這樣的。

大光的太太為了子女教育，選擇攜子女長年在境外居住，反而是珠珠，多年來與大光共同生活，度過了很多個朝朝暮暮。也就是說，珠珠事實上享受了「光太」級的待遇。眾多小三竟然能挨過漫漫長夜，癡心等待的，也無非是有那麼一天，有機會有權利和心愛的男人雙宿雙飛，共用人間繁華。這些個點滴與記憶，幸運的珠珠眼下已經擁有了，可以算是榮譽光太。

不完美的是，每隔半年總有 1 個月，正版光太要攜兒女放假回家，與孩子他爸共用天倫。可憐的珠珠不得不提前打點行裝離開，讓位給正版光太——一個多年來從沒謀面的強勁對手。而大光歷經數次迎來送往、新舊交替，都能做到從容淡定，正版光太似乎從未發現過破綻。

有一回，忘了是榮譽光太珠珠第幾次重返家園後，在 MSN 上對我說：「告訴妳一件非常不可思議的事。其實，每次我走的時候，為了故意示威，同時保留尊嚴，只是象徵性地帶走幾件日常衣服而已。」

我表示同意：「當然了，活該讓大光自己想辦法。他一手造成這樣局面，讓他自己收拾。」

「但是每次，我過1個月回來，我那些瓶瓶罐罐的化妝品啦，雜誌啦，連內衣短褲，都竟然原封不動待在原位，就好像從來沒人動過一樣！」

「這樣也行啊？」我覺得異常稀罕，「簡直是不可能的任務！這些東西怎麼記錄位置？怎麼轉移？在哪裡儲藏？」

珠珠也說：「對呀，我一直猜他是怎麼做到的，妳說他是不是用相機先都拍好存檔的呢？」

我開始描述我想像中的畫面：「妳說，他白天參加完電視採訪，寫完商業計畫，到了晚上，是不是還得貓著腰一個一個拍照啊哈哈？然後還得鬼鬼祟祟地，捏起妳那些個化妝品，再捏起各種胸罩和護墊，打包在一起，趁月夜轉移啊哈哈！」越想越逗，我在電腦這邊樂得直打滾，珠珠也在那邊大笑不止，不知道有沒有笑出眼淚。

作為一個立志坐享齊人之福的男人，需要做怎麼心思縝密的功課，才能讓一切天衣無縫，不露馬腳，讓兩個光太瞬間切換，毫無痕跡？作為一個懂事的小三，面對這個聰明男人最合理的安排，卻不得不繼續忍辱負重、苟且偷生。

每當珠珠告訴我她又要暫時離開，我的腦中都浮現出珠珠那漸行漸遠的小背影，大箱子還要提得歪歪斜斜、踉踉蹌蹌，電視劇裡都是這樣演的。電視劇裡，正版光太一定是兇神惡煞般的中

年婦女，如同很多有婦之夫向他的情人形容的那樣。

有婦之夫給苦苦等待著的小三們的說法，都大同小異：其一，我和她性格不合，已經沒有感情，婚姻之所以維持，是為了孩子和責任，云云。其二，我心裡最重要的就是妳，請給我點時間，我會把一切解決好，娶妳。

做了小三的女孩竟然都信，連珠珠也會信。

一直以來，珠珠都相信大光和她之間的，是真感情。

我並不懷疑珠珠的感情。假如這關係裡的女孩除了男人本身之外，並無所圖，那她對這個別人的老公，別人孩子的爸爸，的確可以說是無私的，徹頭徹尾的，她認為的，愛情。

對一個剛從少女時代走來的女孩來說，畢竟道德離她很遠，但愛情理想離她很近。她們相信：真的愛情，足以跨越年齡、種族、膚色，甚至性別，難道竟然不能抵抗一個死板的社會契約？那世代吟誦的愛情如史詩，早已經穿透了宇宙洪荒，而婚姻只存在於眼下，況且那男人的婚姻已經苟延殘喘。把她的不朽愛情與一個搖搖欲墜的婚姻契約相比，有如汪洋大海之於沒頂島嶼，奔騰岩漿之於乾涸小溪，誰比較純粹雋永，立見分曉。

不錯，有些道理。問題是，那些個有婦之夫，及其明媒正娶的老婆，是不是也這麼想的？這天地可鑒的愛情對於小三的意

義，和對於有婦之夫的，會是相同重量嗎？我想，珠珠一直是在堅守她的愛情理想，否則，她應該會更早地選擇懸崖勒馬。

是啊，珠珠怎麼就沒能懸崖勒馬？為什麼珠珠可以迅速理清工作中的千頭萬緒，而一旦面對大光，就丟盔棄甲，低能至全無判斷？

小三當得久了，為了在長期的不平衡、寂寞和委屈中生存下來，是需要調整心態的。自身而又有學歷與思考的小三們，已經被男方和自己數次洗腦，漸漸總結了一整套專用的思維系統，可以用於自我安慰、自圓其說。本來，人的理論和信仰大多都是實用主義，拿來給自己粉飾太平。小三的主要指導理論如下：

1. 天作之合論。

代表語錄：「於千萬人之中遇見你所要遇見的人，於千萬年之中，時間的無涯的荒野裡，沒有早一步，也沒有晚一步，剛巧趕上了。」（編注：語出張愛玲。）

絕對百分百的愛情至上，認定他就是那個唯一，只不過他當初性子急外加看走眼，早了一步，沒等到你就先結婚了。他結婚了不假，但現在是你們倆琴瑟和鳴，佳偶天成。不都說年輕人可以犯錯誤嗎？知道錯了難道不許改正嗎？

2. 活在當下論。

代表語錄：「和有情人，做快樂事，別問是劫是緣。」（編注：語出倉央嘉措。）

這句話乍一看，相當唬弄人，至情至性到一個極致，就全不在乎豁出去了。過去已經過去了，明天誰也不知道，就活在當下怎麼了？總之是完全不考慮人生的可持續發展。

但是人家倉央嘉措還寫了別的，寫了「世間安得雙全法，不負如來不負卿」。顯然倉央嘉措也沒找到雙全法的解決方案，他也很糾結。

3. 公平競爭論。

代表語錄：「不被愛的那個人才是第三者。」

雖然來晚了一步，但世界上後來居上的事情多了。感情不是按資排輩的，誰有本事，誰就把他弄到手，就讓他愛得死去活來、欲罷不能；她要是沒辦法留住他，那是她自己的問題，本來這世界就是物競天擇，弱肉強食，適應不了一邊哭去，別動不動老拿道德出來說。你看安吉莉娜・裘莉，你看卡蜜拉，打了勝仗的轉正小三，比比皆是。

只有不夠深愛的小三，才不想轉正。

珠珠當然一直都想轉正。每一次正版光太回來探親之前，珠珠和大光都會爆發大戰，每一次都是以大光信誓旦旦的許諾結

束：「她這次回來，我一定提出離婚。」每一次正版光太離開，便又是一場大戰，大戰再以大光痛心疾首的辯解結束：「看見孩子還小，不忍心啊。等孩子再大一點吧。」

有婦之夫說的，也不一定都是瞎話。如果真用7年去編一個瞎話，騙一個人留在身邊，也總是因為有點真心吧。也許，大光說想離婚，說的那一刻是真的；大光說看到孩子不忍心，說的那一刻也是真的。但這都不能影響結果，大光終於沒有離婚。

7年中，珠珠的絕望是一點點的，隨著她的淚滴，蠶食掉她的愛情夢想，還有她的青春。每一年，珠珠的希望就破滅一點點，但她想，已經投入了這麼多年，如果這時候放棄，之前的努力都將白白浪費掉。無助的珠珠像站在賭場，輸了還不肯走，幻想一次回本，卻只能越輸越多。

在第7年的春天，當珠珠女友們的孩子都紛紛開始學走路的時候，珠珠終於流光了眼淚，離開了大光，勇敢地接受了所有損失，認賠殺出。珠珠這樣描述：「突然之間，就像醒過來了一樣。」轉身的一刻，7年中的一切都被雨打風吹去。

這漫長的關係裡，唯一的男人大光，是3個人中完全瞭解整個真相的人，他卻只在分裂和搖擺，不肯做任何決定。他既想要家庭天倫，又想要珠珠的愛情，最終他還是只能留下一樣。但是他畢竟進可攻、退可守。而正版光太，那個一直蒙在鼓裡的人，

毫髮無傷。

　　我所見，還有眾多前仆後繼的小三，天資遠不及珠珠的美麗和聰穎，所戀有婦之夫亦不如大光長情和富有，卻依然在執著堅忍，相信那男人的諾言，夢想著有朝一日能夠轉正。珠珠的7年尚且如此，其他的小三何德何能？

　　珠珠不堪回首的歲月早已一去不返。上一次見到她，她飽滿美麗、滿臉笑容，向我展示她左手無名指那1克拉多的訂婚鑽戒。鑽戒大得晃眼，璀璨奪目，多麼華美的小果實。

　　總還是有身家清白的單身男人，還在茫茫人海中等著她。珠珠的眼淚，沒有白流。這已經是我能想像的，小三最華麗的轉身。

　　我不相信一個有愛情理想的正常姑娘，會存心當小三。當初肯定都是一個不小心，被有婦之夫撥動了心弦。

　　即使是當了小三的姑娘，和所有姑娘的出發點也還是一樣，希望通過努力，讓一切心想事成，過上美好生活。當小三不是她們的本意，愛情才是。

　　作為一個立志坐享齊人之福的男人，需要做怎樣心思縝密的功課，才能讓一切天衣無縫，不露馬腳？

　　只有不夠深愛的小三，才不想轉正。就算妳為他已經投入了很多時間和錢，該離開的時候也要俐落點離開。勇於承擔戀愛的損失，是展開新生活的前提。

7

洋人也是人

　　中國人早先不大喜歡洋人，打從八國聯軍那時候就埋下了芥蒂。據史料記載，洋人金毛綠眼，身上還有羊膻味，眼饞我們的金銀財寶，為著白吃白占而來。教科書上說，中國人民總共經歷了好幾輪打倒美帝國主義，洋人要殖民、要瓜分我們的土地，我們不幹了，同仇敵愾，奮起反擊，他們最後灰溜溜地滾回了老家。不過這都是在我們出生以前的事了。

　　後來新社會了，經濟基礎決定上層建築，只要洋人能帶來好處，我們還是可以與之合作的。但與洋人戀愛結婚不是在國外開工廠，好處之外，一要有平等，二要能雙贏。

　　我接觸洋人起步算早的。很多年以前，我14歲的時候，參加過挪威冬奧會組織的世界兒童和平節。我與另外一個男同學、一個年輕女老師，戰戰兢兢地帶著任務，離開偉大祖國。這一竿子夠狠，在我對世界全然懵懂的時候，24小時之內，從北京西城機關大院一下子達到斯堪的納維亞半島。在此之前我只坐火車去過大城市長春。

　　我的同屋是兩個美國女孩，其中一個是高個金髮妞，愛笑愛聊天。我琢磨著，組委會一定是有心安排兩個泱泱大國的兒童代表住在一起，此刻民族榮譽感和使命感都背負在我的身上，當時就莊嚴地下定了與美國人PK的決心。

　　金髮妞經常主動找我聊天，我一直靠僅有的初中英語和堅強的意志，不屈不撓地和她交流，金髮妞成為我瞭解洋人世界的第一扇窗。

　　金髮妞說，她們是全州中學生報名，然後入圍選手演講，最後由大眾打分選上的。我想這跟我們的過程挺不一樣。我們可是經歷了層層審查，並且緊鑼密鼓地集訓了1個月，要來國際舞台揚我國威的。

　　可見，洋人選人，是自下而上；我們是自上而下，並且心思縝密、有備而來。這一輪，我優勢勝出。

　　我的休息時間，基本是正襟危坐在客廳看電視，以彰顯中華

民族女性的求知欲和端莊賢淑。但是金髮妞說：「別坐沙發，坐沙發就會忍不住看電視，看太多電視人就會變笨。」因此她坐在地上看書，坐在桌子上喝水，甚至坐在窗戶沿上梳頭。

可見，洋人懶散，我們規矩，而國外的電視內容，肯定不利於身心健康，我們的電視節目還可以寓教於樂。我又以絕對優勢勝出。

臨走那天，金髮妞趴在沙發上抽泣，一頭金髮亂七八糟。金髮妞說：「妳知道那個西班牙男生嗎？我晚上要去告訴他，我喜歡他。」我很震驚。我雖說也偷瞟過那個西班牙男生，被他雕像般的臉驚呆，但不知道這個事，可以當著人哭，還可以去人跟前說。

可見，洋人早熟，且感情炙熱，不以直面表達為恥。我們卻是多麼內斂含蓄，引而不發啊。不用說，我大獲全勝。

自此，通過金髮妞，我管中窺豹，奠定了我的洋人觀。總的來說，洋人與我中華兒女打基礎上就有諸多分歧，道不同，不應相與謀。

我開始密切接觸洋人是在進了外國企業之後，辦公室的格子裡，前後左右坐了好幾個。除去工作，我與諸位洋人同事交流有限，但時間長了，我發現洋人隊伍也分左中右。有人每天吃素跑步，有人每天吃漢堡泡吧，相差懸殊。

　　但凡遇到和洋人閒談，我總感到話題乾澀，勉強維持。一來由於不用母語表達不夠暢快，二來總覺得氣場相差甚遠，硬實需要下工夫才能接上，尤其體現在寒暄之後把話題引向深入的時候。氣場就算暫時接上，還要在過程中可以呵護，否則一個不小心，又難免雞同鴨講。尤其遇到涉及風俗和地域特點的語境，常常需要為了說明 A，不得不用 B 來解釋 A 的背景，結果發現洋人也不知道 B，只好再用 C 來描述 B 的淵源。好不容易說清了 C，已經忘了剛才說到哪了──大多數時候，以我的英文水準，剛說到 B，就已經詞窮。

　　這就是文化差異，它真真切切存在。早在幾百年前，當洋人的祖先還在英格蘭放牧，當我的祖先還在膠東半島種田的時候，就已經頑固地流淌在血液裡。一隻蚊子趴在洋人和我的身上，都能從他的血腥味摸索出全麥麵包，從我的血腥味兒聯想到大白米飯。

　　我覺得和洋人之間有天然鴻溝，洋人也沒對我客氣。美國小夥子 Philip 直接了當地告訴我說：「妳長得一點也不中國，妳皮膚不夠黑，眼睛不是單眼皮，而且太大。還有，妳眼尾往下掉，中國人應該都是向上翹的呀？」

　　我也沒客氣：「你也不像美國人哪，美國小夥子應該比你高比你壯，而且你頭髮和眼睛都太黑！」

Philip一點都不生氣：「因為我爺爺是希臘人啊！希臘神話裡面的人都長我這樣，都是美男子！」真夠不害臊的，一點都不懂得謙虛和自嘲，不過倒真夠坦白，怎麼想的就好意思怎麼說出來。

和同事熟了，才發現有好幾個女同事都找洋人老公，我的好奇八卦之心油然而生，找到一個合適的時機，我心懷鬼胎地問女同事Kathy：「妳為什麼嫁給洋人啊？」

Kathy大驚小怪地看著我：「因為我們倆談戀愛了呀，有感情了呀！」

「和洋人，怎麼就能開始談起來的呢？」我覺得開始的時候最最艱難。

Kathy卻被勾起了甜蜜回憶，羞澀起來了：「這個呀……我那時候失戀，很傷心。他開始追我，那段多虧有他，我覺得他人挺不錯的。」

「那你們平常都聊什麼呢？聊什麼才能聊到和洋人託付終身呢？」我的問題實在是有夠八卦的了。

「什麼都聊呀……我明白妳的意思了，妳肯定想複雜了。其實任何人本質需要都是差不多的，都喜歡吃好睡好，有人疼。雖然表達方式不一樣，但是妳對一個人好，他總是知道的。這個不

分中國人外國人。」

「哦。」我琢磨著Kathy的話，覺得挺深刻的。

「我也沒特意嫁外國人，只是遇上了是他。不過，有一點我覺得他挺不一樣的，當時我和上一個男朋友分手，喝酒，哭。他就只是陪著我，來回問我一句話：妳還相信愛情嗎？後來我們在一起了，他非常高興，我過去男朋友的事，他一點沒問。」

Kathy也是經歷了感情坎坷的，這樣的女人都特別懂珍惜。

我想起過往，咬牙切齒：「那確實是不錯。我覺得好打聽以前的男人特別多，妳心裡都過去了，他還沒過去，老當個事惦記著，自己發狠較勁，還老說是因為愛妳。」

「呵呵，對！我覺得這個可能就跟文化有點關係了。」

Kathy轉身去忙了，我留在原地發了一會呆。

關於跨國愛情和婚姻的負面資訊，也是層出不窮，都說這和膚色有直接關係。種族歧視這個詞太嚴重，說起來又不好聽，但卻是個內心潛伏的魔鬼，只要存在，終有一天會以某種形式發作出來。歸納起來妳會發現，那些一開始就動機不純的戀情與婚姻，會更快夭折。比如，一方由於仰慕另一方的膚色和護照，而甘願放棄自己的家鄉與國籍，與之為伍的。靠別人的文化和護照為自己洗去過去，很難成功，因為膚色是永遠洗不掉的，它烙在

妳的色素細胞裡;文化也是永遠洗不掉的,它早已烙在妳骨子裡了。自己都不愛自己膚色的人,換誰也沒辦法幫妳。

如果有人敢歧視我的膚色,我當然會憤憤不平,不過有一件事,讓我有機會換了個角度看看這個問題。

北京一直有個朝陽流行音樂節,由各國藝術家遠渡重洋來獻唱。朋友的朋友組成了一個Rap樂團,一行3人從紐約來。頭一次來中國,也不會中文,朋友拜託我幫忙照應一下,我一口答應下來。

3人樂隊由兩個白人小夥子、一個黑人小夥子組成。他們可是貨真價實的紐約Rap藝術家,穿戴著大金錶、大粗鏈子、小禮帽還有巨型的大背心子,太嘻哈了!和MV裡看到的人一模一樣的。他們平時聊天,並不像我想像的一樣用「又、又」當語氣助詞,其實還是挺正常的。

沒有演出的一天裡,我陪同他們遊覽了幾個北京著名景點,Rap藝術家都激動極了,紛紛合影留念。在全聚德吃過晚飯,我與3個小夥子揮手告別,算是成功完成了東道主的任務。

幾天之後,黑人小夥子返回美國,開始在每天北京時間下午3點,也就是紐約時間凌晨3點,給我打電話表白,我說:「嘻哈先生,您喝多了!」

　　嘻哈先生為了證明他沒喝多，開始每天發來電子郵件，內容包括對我一見鍾情的描述，我倆的星座配對結果，他為我寫的英文詩歌，還有他的Facebook。

　　詩歌實在看不懂，我就打開他的Facebook，一看吃了一驚。原來嘻哈先生是哈佛大學比較文學系畢業的，現在曼哈頓第六大道一個著名報業集團工作，Rap只是人家的業餘愛好，是工作之餘組團玩耍用的。怪不得他們的歌詞那麼押韻呢，原來是專業寫詞的！

　　我承認我虛榮了，自從知道嘻哈先生的哈佛比較文學背景，還有他的工作地點是我神往的傳媒聖地第六大道以後，我覺得他好像沒有黑了。

　　看我沒有反應，嘻哈先生急了，有一次在工作日的紐約時間上午9點，給我打了一個很嚴肅的電話，告訴說他計畫再次來北京，要來看望他在神秘東方遇見的女神，還要與女神做更深入的瞭解。

　　我有點慌了，怕他真不打招呼就來，決定得和我媽說說這件事。

　　「媽，有個美國人追求我。」我打電話給我媽，很扭捏的樣子。

　　我媽早年在歐洲留過學，算是開明母親，本來也不見得支持洋人，但眼看著我成了大齡單身，也有點急了，對此事反應很積極：「好啊！美國哪裡的啊？」

　　「紐約。」

　　「紐約幹嘛的啊？」

　　「出版公司的，詳細工作還不知道。應該跟文字有關吧，因為他是哈佛學文學的。」

　　「哈佛好啊！那就先談談試試吧。」我媽喜上眉梢。

　　我沉吟了一下，為我下面一句話捏了一把汗：「媽……他是個黑人！」

　　「啊！絕對不行！咱們家族要生出小黑孩來嗎？不行不行，妳現在就給我回家！」

　　我媽當真了，還竟然都想到小黑孩了，我這邊已經笑岔了氣。想到確實應該去看看我媽，於是回家去了。

　　一進家門，我媽已經反應過來我是在開玩笑，自己也笑起來。

　　我問我媽：「您說，我們這算是種族歧視嗎？」

「算。」我媽輕輕歎了口氣。

3個月後，嘻哈先生見求愛無望，自己喊停了。還發過來1張照片，是我們4個在全聚德的合影。合影背景很暗，我卻只看到3個人。再仔細看，最右邊懸空有兩排白牙，右下角還有嘻哈先生自己做的小字標注「That's　me.」哈哈哈，看來，嘻哈先生是知道自己黑的，但他知不知道，因為黑，他的哈佛和第六大道全都白搭，直接就被否定了。

嘻哈先生，算是唯一青睞過我的洋人。看來即使無關膚色，我和洋人也沒有緣分。Kathy對於和洋人戀愛，有一句最經典的總結：「中國男人之內心最為百轉千迴，反覆無常，患得患失。如果能把中國男人迷到神魂顛倒的，就有信心把全世界的男人迷到神魂顛倒。」看來，我也沒有機會驗證了。

唯一的遺憾是，由於沒有和洋人談過戀愛，我的英文因此永遠裹足不前了。

　　這就是文化差異，它真真切切存在。早在幾百年前，當洋人的祖先還在英格蘭放牧，當我的祖先還在膠東半島種田的時候，就已經頑固地流淌在血液裡。

　　其實人和人本質需要都是差不多的，都喜歡吃好睡好，有人疼。雖然表達方式不一樣，但是妳對一個人好，他總是知道的。這個不分中國人外國人。

　　種族歧視這個詞太嚴重，説起來又不好聽，但卻是個內心潛伏的魔鬼，只要存在，終於有一天會以某種形式發作出來。

　　那些一開始就動機不純的戀情與婚姻，會更快夭折。

　　中國男人之內心最為百轉千迴，反覆無常，患得患失。如果能把中國男人迷到神魂顛倒的，就有信心把全世界的男人迷到神魂顛倒。

8
嫁人只在一瞬間

　　戀愛方式具有慣性，尤其是經歷過跌宕的人，老覺得只有充斥著激情和淚水的才叫真愛，我覺得也可以叫真折騰。

　　長此以往一般人肯定受不了，受得了的也難再有其他成就。這個年頭喧鬧紛擾的事物太多，容易看走眼，反而質樸和淡定更可貴，更好辨認。

　　淡定以後，再看早先那些折騰，只是鋪墊和炮灰而已。有道是：盪氣迴腸是為了最美的平凡。

　　25歲以後，我們「滅絕組」成員紛紛迎來了事業上升期，業餘時間開始被各種人和事占滿。即使在非工作時間，小曼也要約來賓錄節目，我要見客戶談提案，塔塔要採訪明星寫訪問，都忙得團團轉。好不容易找到重疊的閒置時間，我們趕緊相約玩耍，幾個人一見面，氣場馬上瞬間對接，隨便做點什麼都樂不可支，更覺生活飽滿無缺憾。但那氣場之外，我們同學朋友的喜帖，一封封寄來了。

　　每次拿到喜帖，我們都先犯職業病。我掂量紙的克數，再觀察有沒有燙金、開刀模等特殊工藝，以此估算訂做成本，判斷他們結婚有沒有下血本；塔塔則是研究新人千姿百態的結婚照，評論攝影水準，然後說她要是結婚肯定照得比這個強好多；小曼稍微仁慈一點，一般性地問問到底那誰最後嫁了個什麼人，暗自比對自己的定位階級。

　　消費完人家的喜帖，觀禮還是要觀的。我於1個月內參加了兩次盛大婚禮，新郎新娘雙方的戀愛時間分別是8年和12年，簡直讓我等歎為觀止！怎麼人家就能兩小無猜那麼多年呢，是怎麼做到的呢？8年，世界能發生多少大事啊，連一個國家都能分崩離析，他們竟然可以堅守至今。按我們的經驗，每一個戀愛裡，處處是機關，處處都可以形成致命傷，簡直防不勝防。8年，甚至12年，這時一個多麼綿延浩大的工程啊，兩人中一方在過程中出了任何一點亂子，都會讓戀情前功盡棄。而就算把這些歲月扛過來了，又得有多大的信念，才能把下面的歲月，再相安無事

地過下去。

「戀愛，要談到什麼階段，才能足以讓人結婚呢？」我從婚禮上受驚歸來，問塔塔和小曼。

「不知道，沒想過。」塔塔可能是真沒想過。她在組裡歲數最小，玩心最盛。塔塔業餘時間喜歡養貓，給娃娃做衣服，外加烤點小蛋糕。她還留一個齊瀏海的鮑伯頭，再配上少女樣的小臉，給人當乾女兒還差不多。

「跟親人似的，就能結婚了。妳說的這對談了8年，肯定跟自己人一樣，分都分不開了。妳養個狗8年試一試？」小曼有發言權，她初戀男友就是談了好些年，分手的時候恨不得死了一回，她養的吉娃娃，也有5、6歲了。

「親人，那可是無條件的，怎麼樣都行，怎麼都互相不嫌棄。談戀愛結婚的兩人能無條件嗎？」我問。

「肯定有條件啊，得愛我，對我好。要不然我幹嘛對他好啊，有病啊？」塔塔說的是這麼回事。

「那得看到什麼境界了。我看我爸我媽，他們就是非常親的親人，我覺得他們沒條件。」小曼說。

「我爸媽也是！」「我爸媽也是也是！」我和塔塔搶著說，在比較誰的父母恩愛上，都不甘落後。

這個話題到此沒有再進行下去，顯然我們還無法真正理解各自爸媽的境界。但是我們第一次從自己爸媽身上琢磨了一下婚姻，覺得那個境界是存在的，應該叫「相濡以沫」。

早幾年，我們都不喜歡「相濡以沫」這個詞，覺得聽上去沉悶老朽。等到我們現在都多少經歷了些波折以後，覺得溫馨恬靜其實也挺好的。工作就夠忙夠累的了，已經沒有心力和時間去陪人玩撕心裂肺和盪氣迴腸。第二天還得起來趕開8個會，誰還敢淚奔到淩晨3點，把眼睛哭成腫桃啊？該演的劇情都演過，真不想再人為添亂，生活本身夠刺激的了。

在選擇男友的方向上，我們「滅絕組」的討論還是上了枱面的。縱觀前半生的教訓，花心男不能要，我們不再幻想扭轉其本性；雞肋男亦不能要，我們不樂意去自降姿態配合；大亨男也不能要，我們做不到和其他女人坦然分享。最後，我們把目光轉向了長期以來都被我們忽視的一個群體——主流可靠誠懇男。我們簡稱之為：白紙男。

白紙男，比喻該男如白紙般的清新乾淨，一覽無餘，昭然若揭。更重要的特點是，一張白紙好作畫，說啥寫啥，寫啥是啥。

當然，白紙男最大的特點，就是如同一張白紙鋪在那兒——平，平實、平凡、平靜、平易近人，他們的一輩子，大抵也比較平安。但是，像我們這樣看慣了層巒疊嶂的，第一眼，容

易沒瞅見。第二眼好歹瞅見了，又覺得看過去一望無際，沒有秘密，沒有驚喜，怎麼都不盡興。但白紙男自己並不含糊，他一旦看上了妳，一般不會等到錯過妳的第二眼，就會迅速地讓妳知道。為什麼呢？因為他是白紙呀，他簡單，沒有心機，不懂得以退為進和周旋，他自從喜歡上了妳，就把「喜歡」兩字寫在他的紙上了，昭告天下，走哪兒帶到哪兒。

說到白紙男的不含糊，我是有第一手經驗的。

2007年秋天，我應邀到中國大飯店阿麗亞餐廳參加一個商會活動，其實整個活動上我就認識一個人，這人是我的中學同學，高中時候就移民澳洲了，多年沒見。我是去散播名片、拓展生意去的，當時正處於創業初期嘛，這類聚會決不能錯過。為取得潛在客戶的信任，我穿得嫵媚又知性，顯得內外兼修、秀外慧中。

當天交通狀況非常糟糕，我抵達酒店時天已經黑了。餐廳擺出了露天餐台，老遠我就聞見燒烤香氣撲鼻，連忙快走幾步。

我款款地向離燒烤台最近的桌子走去，越走越近，緊跟著就看見一個年輕的西裝男坐在桌子旁邊，在與他四目相投的瞬間，周遭縈繞著孜然的香味和炭火的劈啪聲，尤其令人印象深刻，欲罷不能。

我迅速落座，先後吃掉了年輕西裝男遞上來的3個熱狗，其

間對美味連連稱讚，並在兩個熱狗的間歇中與他交換了名片，同時瞭解到西裝男由澳洲到北京某外資銀行工作1年，比我大概年輕兩歲，雙魚座，舉目無親，甚為可憐。

　　過幾天的星期一，我外出開會，助理突然打來電話。

　　「瀟姐！有人送妳一束花！」

　　我馬上興奮莫名：「誰送的？」

　　「不知道！」

　　「有卡片嗎？」

　　「有！」

　　我迫不及待：「看看卡片上寫了什麼？」

　　「一串英文！好幾個詞我不認識，要不我拼一遍？」

　　「不用拼了，看一下落款誰送的？」

　　我非常期待，靜靜等待助手說出那個神秘的名字。

　　「2。2送的。」

　　「誰？」

「2，2就一個字。」

「……」

為了這束突如其來的神秘花，我的會都沒有開好，飛奔回辦公室，抓起卡片，落款赫然寫著一個「Z」字，筆鋒轉折處非常圓潤，與「2」無異。

我迅速翻出中國大飯店活動中交換的名片，逐一比對，發現正是澳洲雙魚西裝男的英文名字的第一個字母。

花連續送了1個星期，落款全都是「Z」。

我很是糾結，2看上去其實挺好，目光清澈，相遇的時候每一個熱狗遞過來的時候都非常真誠。但是異邦長大，年齡小，主流工作者，這幾項與我相匹配，仿佛就不那麼搭。

1個星期鮮花之後，2的邀約電話接踵而至。

「今晚一起吃飯嗎？」

「今晚不行，加班。」

「明晚加班嗎？」

「明晚可能加，要看專案進度。」

「那明晚不加班和我吃飯吧。」

明晚很快到了，2的電話如期而至。

「今晚加班嗎？」

「加班。」

「加班到幾點？」

「至少超過晚餐時間，9點吧。」

9點整。電話又響了。

「9點了，加完班了嗎？」

「還沒有，大概10點吧，肯定會很晚。」

10點整。

「加完班了嗎？」

「……」

11點，與我同住的小曼回家了，說今天是誰誰生日，不由分說把我挾出家門前往KTV。路上電話又響了。

「咦……妳聽上去好像在外面哦。妳加完班了！」

「對，我出來參加朋友生日。」

「太好了，在哪裡？我去和妳見面，我們可以吃宵夜。」

「哦……好吧。」

12點，我和2終於坐在了KTV旁邊的大排檔。

我頓覺饑腸轆轆。

我連忙點了幾個菜，有烤腰花，羊雜湯。

吃之前，我覺得還是需要客氣一下，於是將盤子推向2：「你吃呀！」

2躊躇了一下，又推回來：「我吃過啦。」

我還是覺得自己吃對方看著有點不盡興，繼續勸導：「你嚐嚐，非常好吃。你吃過嗎？」

「嗯……那個……我不吃內臟。」

我嘿嘿冷笑一聲，馬上抓起一串香噴噴的腰花，和自己的臉蛋擺在一起，目光如炬地問他：「你確定嗎？」

2注視著我和腰花，年輕的面孔在閃爍的街燈下顯得特別無所畏懼，清清楚楚地說：「我－確－定！」

這就是典型的白紙男。

一般來說，男的都已經學會了在初期保守觀望，分析獵物，揣摩自己的勝算把握，但白紙男骨子裡就不精於此道，他都是把願望平鋪直敘地說出來，同時眼神不躲閃、不游離，因為他覺得愛我所愛正大光明，並不羞於讓對方知道。

各種事實證明，這種男人是存在的，並且塔塔也遇到了。

塔塔與她的白紙男在今年春天相識相戀，速度快得驚人。按說也應該是這樣，因為省去了不必要的周旋試探，反而節省了很多寶貴的時間。當白紙男露出真誠的微笑，已經足以打動他心愛的女孩。

塔塔從來都不是好伺候的，尤其對男性很難買帳，其實我們都有點這個路子。當然不能白白修煉了這些年，心得和戰術還是積攢了不少：什麼時候要揣著矜持，什麼時候要敵進我退，我們已經掌握了箇中規律，有的規律更是百試不爽，百戰不殆。我們的經驗是，兩個人拼智商、拼感情、拼手腕，拼到最後，總會讓真心浮出水面。

但是，這些規律、秘笈和戰術，在白紙男面前，統統用不上。因為他們一上來，就全是真心。

作為白紙男，他的胸懷是透明的、敞開的，他仍然相信堅

強、善良這些最基本的詞彙。他坦誠，願意說出他暗處的思想、他的懷疑和糾結。他的愛情理想模式簡單而純粹，他認為努力工作，照顧女人，養育孩子，是他的天職。

即使他不是妳的伴侶，他也會是妳最好的同事、夥伴和戰友。因為妳相信他，妳敢跟他結交至死不渝的交情。

白紙男真的這麼好嗎？還是有人持反對意見，覺得談戀愛結婚，始終在於有勁，白紙男如果了無生趣，空有真心也是白搭。但是如果妳像我們一樣，曾經被猜測和等待傷透了心，妳就會明白，再多的百轉千迴、曲徑通幽之後，人們需要的永遠是午後晴好般的平靜生活。平靜生活需要一個溫良柔軟的夥伴，那就是白紙男。我們也並不是一上來就看好白紙男的，可以說是──繁華落盡空餘恨，大浪淘沙始見金。

濃烈懾人的香氣當然好聞，但白紙男不是這個味道。白紙男可能是遺留的淡淡香皂芬芳，而連這淡淡的芬芳也會褪去，最後混成跟空氣一樣，無色無味，平常感覺不到，沒有卻不行。

空氣、清水、陽光，都是這樣的，世界上最雋永的生命元素，都如此簡單。遇到白紙男，一切都很自然，決定嫁給他，也許就在一瞬間。

在我和小曼還沒反應過來的時候，塔塔已經送來了喜糖盒。

「這也太快了吧！」小曼還是覺得不可思議。

「結婚要趁熱。」我替塔塔說話。

塔塔喜孜孜地，靠近我說：「沒錯，結婚要趁熱，下一次，妳遇到白紙男，要下狠手，快、狠、準！」

　　早幾年，我們都不喜歡「相濡以沫」這個詞，覺得聽上去沉悶老朽。等到我們現在都多少經歷了些波折以後，覺得溫馨恬靜其實也挺好的。

　　老人說的道理大部分都是對的，比如結婚要找個踏實顧家的男人，但是這些道理只有在談上兩三個讓妳遍體鱗傷的戀愛後才會明白。撞了牆不怕，怕就怕一直沒回頭。

　　縱觀前半生的教訓，花心男不能要，我們不再幻想扭轉其本性；雞肋男亦不能要，我們不再樂意去自降姿態配合；大亨男也不能要，我們做不到和其他女人坦然分享。

　　如果妳像我們一樣，曾經被猜測和等待傷透了心，妳就會明白，再多的百轉千迴、曲徑通幽之後，人們需要的永遠是晴好午後般的平靜生活。

　　空氣、清水、陽光，都是這樣的，世界上最雋永的生命元素，都如此簡單。遇到白紙男，一切都很自然，決定嫁給他，也許就在一瞬間。

9
我們經歷過的各種崩潰

　　都說人生沒有過不去的坎，可是蹲在坎裡的滋味，還是真難受啊。

　　坐在坎裡哭的時候，最好有人聽得見，能趴邊上和妳聊兩句，讓日子好過一點。這個時候就看出朋友重要了。

　　不過也不用特別感謝陪妳聊的人，漫漫人生路，她以後也有大把機會掉到坎裡。

何大人鬧情變，一晚上給「滅絕組」兩位主要成員平均各打了3次電話，後兩次基本都在凌晨1點以後，而且這種狀況持續了3天。

何大人和小曼年輕相仿，金牛座，整個青少年時期一直在國外接受優質教育，如今在辦公環境優雅的外資企業上班，近兩年頻繁升職加薪。就優質教育這一段，讓我們土生土長在北京這片沃土的「滅絕組」望塵莫及。自從何大人學成歸國後，就和我們「滅絕組」來往甚密。但就衝她這種半夜求助電話的表現，一直都只能是經不住考驗的預備成員。

經過我們事後交流，瞭解的情況基本一致。何大人在電話裡吐字不清、哽咽不止，但堅持反覆訴說，完全不顧我們是正在卸妝泡澡還是在和男友促膝談心。

午夜情感熱線耗到第三天，我終於抗不住了，要知道熬夜煲電話粥絕對是我們輕熟婦女美容之大忌。我們於是約何大人吃晚飯，共同商討解決之道，只求速戰速決。

大家按約定時間前後到達大望路林家小館，我去晚了，熱菜已經都上來半天了。何大人也顯然激動地敘述了很久，面前的餐具一看就絲毫沒動。看樣子她見到諸位以後又遭遇了情緒大爆發，手邊一堆紙巾。

我邊就座邊說開場白：「何大人，妳要對自己有信心，也要

聽取我們的各種招式和建議。今天在座的各位，論戀愛年資，加起來怎麼也有50年了。50年啊，半個世紀，悠悠歲月，都是真知。」

何大人的故事並不十分複雜，無非是要被動結束一段性格不合、時機不對的戀愛。這個時期的確是最難熬的，不分手心有不甘，分手了又四下無人。午夜夢迴的時候，望見窗外的清冷月光，自己前半生的遇人不淑一時間全都湧上心頭，特別容易顧影自憐、怨天尤人。何大人的情緒明顯是非常不穩定，主要表現是睡不著覺，動不動就哭、痛哭。對整個事件來龍去脈的分析能力也與自己的教育程度完全不成正比。混亂，龐雜，毫無邏輯，反反覆覆來回說。而且已經愈演愈烈到嚴重影響了她高階主管的工作。作為一個有抱負的輕熟婦女，情路上沒有10年也有8年摸爬滾打，竟然因為感情耽誤了工作，孰可忍，孰不可忍！

我們試圖按照「滅絕組」慣用的聊天方式，把談話引向深入，幫她理清思路，但發現過程遠比想像中艱難。

在幾輪勸解完全無效以後，何大人終於拋出了一個最直接的問題：「我難受，我痛苦，就從來沒這麼痛苦過，覺得做什麼都沒意思了。我就想不這麼難受，但是沒辦法，就是越想越難受。妳們幫我分析的道理我都懂，但還是不行。妳們那個時候都怎麼過來的？」

我們那個時候！

「滅絕組」出現了罕見的短暫沉默。

我和塔塔對視了一眼，回憶還很新鮮，我只需稍稍沉吟，馬上就可以清晰地描述。

2007年春天，塔塔的狀態絕對比今天的何大人嚴重得多。簡單地說，就是精神崩潰。醫學上說，就是憂鬱症。按程度說，屬於中重度憂鬱。

那個時期，「滅絕組」剛成氣候，組織鬆散，溝通也遠不像現在這樣頻繁和緊密。我正處於創業醞釀期，孤零零地投入到殘酷的商業社會，經常感到悽惶無助。小曼剛剛被主管委以重任，夜班連著夜班，持續睡眠不足。而塔塔與彼時男友攜手成功創業後突然遭遇無良劈腿，剎那間人財兩空。也就是說，那時候我和小曼雖然混沌和勞累，但都走在希望的道路上，而塔塔的感情、事業兩條道路卻同時轟然坍塌了。

塔塔告知我她的情況，事情已經過去1個月了。

其間我曾接到塔塔的短訊和電話，使用字眼都相當消極，甚至有時候非常極端，提到過你死我活。更多時候是說她自己覺得沒什麼活的意思了，一切都虛無，都沒勁。還有就是整夜整夜地睡不著覺，老想哭，眼淚會毫無徵兆地突然噴出來，把旁邊的人

嚇一跳。沒食欲，暴瘦，我懷疑那時候她洗澡等個人衛生也成問題，我中間見到她兩次，頭髮都是糾結黏貼在頭皮上的，非常有視覺衝擊力。

情緒失控1個月以後，塔塔已經被自己折磨得不行了，她是一直嘗試自救，又自救不成功。她後來好像去過醫院，說醫生只是簡單詢問、開藥，看過以後沒有任何起色。我們於是決定求助於業界權威——安定醫院。安定醫院這個詞，我打小就在各種笑話裡經常聽到。

我開車去安定門東南角馬路邊接塔塔，老遠就看見一個女孩佝僂著後背。塔塔一上車，我馬上注意到她那標誌性的一對單雙眼皮已經都哭成了肥厚的單眼皮，且色澤沉著。嘴角掛著，腮幫子肉下垂，我猜摸上去也肯定鬆軟沒彈性，應該是長期向下撇著嘴角造成顴肌萎縮導致的。塔塔本來就有點小黃皮膚，過去心情靚麗的時候也算甜蜜小麥色，現在皮膚完全沒光，乾燥脫皮。倒是身上明顯瘦了，但是胸部也似乎跟著小了，加上佝僂著背，衣服又寬鬆沒型，整個不能看。

也趕上是北京春天老有風沙天，安定醫院門口停車場灰非常大。門口有一個老頭值班的傳達室，和常規醫院的倒也沒什麼區別。建築都是5、6層樓，我們判斷頂上兩層八成是住院處，因為窗戶上都焊著大鐵欄杆，還有穿著豎條衣服的人正扒著欄杆往下看，我們都沒敢貼著牆邊走，怕他吐我們口水。

掛號的時候塔塔心裡有數地掛了憂鬱症，正好是網上搜到的那個模範大夫，據說態度相當好。

塔塔從上了車就一直沒什麼話，醫生詢問病情的細節她回答的聲音也很細小，而且語速慢。醫生的問題基本也是預料之內的，比如失眠嗎？想哭嗎？孤僻嗎？食欲不振嗎？自殘嗎？想死嗎？醫生絕對是經驗豐富，詢問了大概5分鐘，就迅速作出了判斷和醫囑：「妳這是中重度憂鬱，需要吃藥治療。如果不吃藥，在不自殺的情況下，6個月後也會恢復正常。但是復發的概率很大！」

在不自殺的情況下！我一下子就緊張起來了，馬上陪塔塔繼續做其他檢查，包括抽血和眼動測試。

等抽血結果的時候，兩個醫生一前一後押著一小隊男性病人穿過走廊，醫生嘴裡唸唸有詞：「一個跟著一個走，跟緊了。」這5、6個病人都穿著病號服，留小平頭，目光呆滯直視前方，尤其令人印象深刻的是，走路全都不抬腳，蹭著地面「嚓嚓」響。

我和塔塔本來還聊著關於怎麼才能防止自殺的事，馬上就不敢出聲了，又不好意思一直盯著，就往窗外看。一看到見院裡還有好多正在放風的病友，有朗誦詩的、打拳式的、打滾的，姿態各異。

眼動測試之前，可能是因為緊張，我和塔塔都有點想上廁所。等我們拐個彎走到女廁所門口，吃驚地發現門口長凳上坐著3個警察。警察中間還夾著一個人，肯定是一個犯人！因為手銬腳鐐全戴著，穿的藍白條衣服和電視劇裡的也一樣！怎麼就坐在女廁所門口呢？

就在我們倆放慢腳步準備悄悄溜進女廁所的時候，犯人咧開嘴，目光直勾勾地，衝著我們倆「呵呵呵呵」地笑了！

這一笑非同小可，我和塔塔尿意全無，迅速轉身往回跑。

我們倆一直飛奔到安定醫院大門口才停下，叉著腰差點回不過氣，等回過神來對看彼此的狼狽樣子，忍不住哈哈笑起來。

此行太過荒誕離奇了，明明是大都市裡一個德才兼備的年輕女孩，只是生活稍微受挫，哭紅了鼻子就跑到精神病患者裡想要找共鳴。當真看到人家患者，才明白根本還差得太遠，自己分明只能算正常人。

塔塔的病，就是從那一刻開始好起來了！

所以，塔塔怎麼過來的呢？她自己總結了兩點：一、人比人就能活。到了安定醫院，對比人家患者，發現自己其實相當正常，從此對生活恢復了希望，對自己的狀態充滿了信心。二、恢復的過程中，參加各種局，哪怕是硬撐著參與到歡樂的人群中，

一來會漸漸地被積極的氣場感染，二來殘存的好面子心理也不至於讓自己經常當著親朋好友的面淚奔。久而久之，就好了。

何大人畢竟冰雪聰明，馬上聽懂了：「第一要找墊背的，第二要與民同樂，第三就是熬時間唄。」

我對何大人的回答非常滿意：「哈哈沒錯，塔塔已經身先士卒，下面就看您的了。」

塔塔坐在何大人的正對面，單雙眼皮美瞳黝黑閃亮，鼻樑高挺，小臉緊繃，微笑恬靜，懷孕3個月。孩兒他爸正在家裡照著菜譜煲湯，熱切地盼著塔塔把家還。

人比人就能活。到了安定醫院，對比人家患者，發現自己其實特別正常，從此對生活恢復了希望，對自己的狀態充滿了信心。

恢復的過程中，參加各種局，哪怕是硬撐著參與到歡樂的人群中，一來會漸漸被積極的氣場感染，二來殘存的好面子心理也不至於讓自己經常當著親朋好友的面兒淚奔。

欲望不實現就痛苦，欲望實現了就無聊。只有剛剛實現後那短暫的時期是幸福。所以幸福必然是短暫的，痛苦和無聊才是生活的常態。

通常來說有兩種狀態：痛苦的哲學家和快樂的豬。痛苦的時候，儘量搞清痛苦的緣由，否則就成了痛苦的豬。

10
弱國無外交，女人當自強

　　以基督山伯爵為榜樣，報復負心人所激發出來的女性鬥志，真能幹成不少事。不論起因與過程如何傷痛艱辛，人前變得更強大總是好的。而且強大之後的人，反而更容易對過往釋懷。

　　報復與否，鬥志都是好東西；有它沒它，讓自己爭氣，才是王道。

　　每年6月，豔姐的生日party，我們是必須要捧場的。

　　我、小曼和何大人提前幾天就開始煞費苦心地挑選禮物。豔姐的生日禮物相當不好選，一要彰顯我們的品味，二要蘊涵我們的祝福，最重要的，是要拿得出手。

　　拿得出手，意味著該禮物，必須能在國貿和新光天地的精品店裡面看得見，或者在官網上查得著。

　　國貿和新光天地，我自己難得去一次，但是為了豔姐，我去了。

　　經過慎重的權衡對比，我選擇了愛馬仕的絲巾一條。絲巾圖案細膩妖嬈，我堅信一定能夠匹配豔姐那獨特的氣質，我更滿意的是愛馬仕的包裝盒和手提紙袋，那明晃晃的橙色，大老遠就特別扎眼。GUCCI和LV不管東西怎麼樣，包裝是深棕色的，就只能先靠邊站。送豔姐禮物，倘若旁人看不見，便如錦衣夜行，等於沒送。

　　夜幕降臨，我、小曼與何大人各自在家沐浴更衣，塗脂抹粉。按照我們的經驗，今晚一定將是一個花團錦簇、爭奇鬥豔的盛會。城中各路白天見不著的漂亮女孩都會從各種豪華場所殺出來，把party現場妝點得殺氣騰騰。我這種個矮點的，務必用高跟鞋找齊身高，小曼和何大人則需要用連衣裙勒出小蠻腰來，還要大膽啟用在燈光下強烈反光的配飾，最終做到閃亮登場，無怨

無悔。

雖然我們平時都動輒以內外兼修字句，強調我們靠內涵和知性取勝，但這種關鍵場合萬萬不可掉以輕心。在音樂勁爆、小酒微醺的情況下，沒人管妳是國中還是碩士學歷，皮囊指導一切。所以，從頭到腳，必須全副武裝，我們「滅絕組」縱然人少不成氣候，但輸場子不能輸人！

這樣的大局，一定要不醉不歸。我沒開車，計程車司機一路上被我的香水味嗆得直咳嗽。到夜店門口，一下車就看見黑衣黑褲的保安早已嚴陣以待，個個都別著耳麥，表情莊重地引導魚貫而至的車輛停車入位。我一路往大門走，聽見找車位的車主報的都是同一個包廂名。

「V8的客人，您請這邊停車。」保安右臂揮向一排預留車位。哇，我也去V8，看來今天大家都是豔姐的貴賓。等我再朝那排預留車位仔細點看過去，倒吸一口冷氣，一排十幾輛車，就沒有一輛低於百萬的！多虧我今天沒開車來，這要開來了，我是停還是不停？這不是給豔姐丟人嗎？

正琢磨著，門口兩側的保安突然齊刷刷站定、鞠躬，我回頭一看，豔姐儀態萬千地從X6上下來了。在保安夾道歡迎中，我跟著豔姐進了V8，包廂沙發上已經坐了不少人，香水味和煙味摻雜，音樂震耳欲聾。歡笑擁抱之後，我連忙遞上那黃澄澄的愛

馬仕紙袋，豔姐雙手接過紙袋，熱情道謝，然後把我的禮物放置在包廂一角。

我駭然發現，包房一角的禮物已經堆積如山！

我的紙袋顏色雖然算亮眼，但是招架不住FENDI的紙袋是明黃色的，PRADA的紙袋是純白色的，CARTIER的紙袋是酒紅色的，還有TIFFANY的紙袋是淺藍色的。我精心挑選的黃紙袋剎那間就被無情地淹沒，只成為花花綠綠中的一抹，而且，這一抹顏色，還沒別人的面積大。

我坐下來，四下打量今天包廂的佈置，螢幕下方有兩個圓桌面那麼大面積的花束，全部由密密麻麻的紅玫瑰紮成，我看第一眼還以為是兩張紅桌子呢。一圈長沙發前面有兩個玻璃茶几，一左一右各放著一個大蛋糕，依舊是桌面那麼大，其中一個還是5層的，和五星級酒店200人豪華婚禮上的蛋糕同等規模。來賓的杯子和骰盅，圍著蛋糕放了一圈。由於蛋糕太占地方，酒和飲料都只好放在4個推車上，由服務生張羅著，隨喝隨調。服務生都特別機靈，豔姐剛剛用纖手拿出支煙來，馬上就有服務生彎下身子來「啪」的一聲給點上，豔姐臉上於是小光一閃，妖嬈非常。

人越聚越多，小曼和何大人也陸續到了，她們兩人一進門就看見巨型玫瑰花和蛋糕，先嚇了一跳，然後好不容易在歡樂的人堆裡找到了我，坐到我身邊。

「妳禮物呢？」我看小曼空著手。

「我明天找豔姐，單獨給她。」小曼表情有點詭異。

「但今天才是她生日啊！」我懷疑她是沒準備好。

「明天送，豔姐才能記住！妳看那麼一大堆，再喝多點，分得出來誰是誰的啊。」

「噢，是。」我恍然大悟，覺得小曼真機靈。按說大戶人家收禮，現場都要唱禮的，現在不興這個了，真就只能自己想辦法。

音樂聲突然間更大了，人群跟著歡呼扭動起來，我們想再交談已經聽不見，想站起來又怕有人打著自己，剛好水果盤來了，各自悶頭吃。再抬頭，發現人群已經向一側聚攏，這才發現今天的包廂裡，並不是外場音樂，而是包廂自己的駐場DJ！我們出沒夜店也有些年頭了，這麼大的排場，今天還是頭一次見。這下好了，今夜舞曲盡在掌握，想點什麼讓DJ放什麼！「來個《My hump》，《My hump》！」我坐在那兒嚷嚷。

接下來是當紅high曲大連播，一口氣放了有10首，大家跳出了好幾次小高潮。豔姐被人群簇擁著，如眾星捧月，又如百鳥朝鳳，我們坐著看得不真切，只見人群中央有個CHANEL的髮夾頻頻閃爍，棕色的髮絲上下翻飛。豔姐跳舞我們是見過的，四

肢柔韌，節奏鮮明，早先的民族舞功底可見一斑。

　　包廂門突然開了，幾個酒保拿著各種瓶子杯子進來，迅速地搭成金字塔，恭請豔姐來到正前方，然後點燃其中的幾個瓶嘴，開始表演花式調酒。表演到最後一個環節，整個金字塔熊熊燃燒，火光照耀下，豔姐的笑臉笑盈盈的，容光煥發。30 歲的豔姐，依然是個大美人。

　　午夜 12 點，DJ 放出了《生日快樂歌》，大家立刻綺麗圍攏，幫豔姐點燃蠟燭。吹熄之前，豔姐雙手合十，在眾人的注視下默默許願，我看見她呼吸逐漸放緩，面色沉靜下來，纖長的睫毛微微顫動。我猜，她許下的願，仍舊和上一次的一樣。

　　上一次，我們去的是雍和宮。

　　幾年前，豔姐是何大人介紹給我的新客戶。據何大人介紹，豔姐在北四環附近開了一家茶餐廳，店面不小，有 100 多坪。餐廳的材料、菜品種類豐富，生意興隆。我第一次拜訪她是在一個工作日的下午，餐廳門口竟然沒有車位。見豔姐的第一面，只覺得是個標準的南方美女，鼓鼓的小臉，吊眼梢，身體柔軟纖細，她的眼神很特別，談話的時候喜歡盯住妳看，異常鋒利，躲都沒處躲。

　　我為豔姐的一家新店做設計，合作過程中我發現，她是典型的小身體、大能量。她忙起來，能夠不吃不睡，轉呀轉地和各種

供應商談事、簽合約，但仍然保持頭腦清醒，不急不躁，戰鬥到把事情全部解決。新店開張之前無數瑣事，她都事無鉅細，事必躬親。尤其是裝修倒計時那幾天，戰線拉得一長，我有時候走神恍惚，回過神來再看她，仍然在目光炯炯地訓斥裝修隊，我頓時無地自容。

後來知道，這店是豔姐和她年齡相仿的男朋友共同開的，但由豔姐全權打理。還聽說他們在一起已經5、6年了。我覺得挺羨慕，兩人有個共同的生意，是最好形式的志同道合。就算白天累點，到晚上兩人趴被窩裡一數錢，肯定無比快樂。我估計豔姐也這麼認為，因為她每次忙完一天，總是在店裡一角坐下來，點根煙，深吸一口，然後微笑著掃視全場，徐徐吐出。

新店開張3個月即告盈利，我也覺得很欣慰，去店裡和豔姐慶祝。正閒聊間，突然有一個顧客走向豔姐，與她輕輕耳語，豔姐頓時色變，我感到大事不妙。

「走，陪我去錢櫃唱歌。」豔姐沒有看我，拿起包就走。我知道今天義不容辭。

我判斷得不錯，豔姐的男朋友要離開她了。其實她早已察覺，所以才越發努力地去經營他們的餐廳，為了證明她是聰明和優秀的。但她的努力顯然沒有奏效。

豔姐唱了一首又一首悲慘的情歌，她的音質相當不錯，也更

因為有真情實感，格外淒婉動聽。

悲慘情歌唱了一夜，第二天，我昏睡到中午，而別人告訴我，豔姐一大早就精神抖擻地出現在餐廳，檢查廚房，培訓員工。

幾個月後，何大人告訴我，現在豔姐就剩自己一個人了，一個人管理著兩家餐廳。過去有很多顧客，是她男朋友的朋友，現在也不再來了。原來她男朋友疏通好的人脈，她也要自己重新來過。我去看望她，她瘦了一些，眼睛顯得越發大和明亮，神情中卻找不出任何落寞和沮喪。「走，陪我去跳舞。」豔姐說，語氣斬釘截鐵。

也是在這家夜店，豔姐和我整夜喝酒跳舞，她一杯我一杯，她還好，我卻醉了。恍惚中我想起自己和豔姐其實同病相憐，一會兒替豔姐傷心，一會兒替自己難過。豔姐後來好像反過來安慰了我，好像後來還把喝多的我拖回了她家。

第二天我在豔姐家醒來，睡眼惺忪間，看見豔姐已經站在我床邊梳洗打扮妥當，清清楚楚地對我說：「走，陪我上雍和宮。」

我們倆在大雄寶殿前，雙雙許願。豔姐說，她求的是金銀財寶，我說，我求的是如意郎君。

「妳為什麼不求如意郎君呢？」我問。

「金銀財寶不長腳，我心裡有底。如意郎君有一時容易，有一世難，有了心裡也還是沒底。」豔姐直視著我眼睛。

「也對，妳先保證金銀財寶，然後有裡子有面子，不怕沒有如意郎君。」我嘴上這麼說，但心裡還是想著，都說易求無價寶，難得有情郎嘛。我的境界看樣子就這麼高了。

佛祖顯靈加上天道酬勤，豔姐現在已經有了7家店，分佈在北京各處，旗下員工逾百人，且都訓練有素，唯豔姐馬首是瞻。家家店灶火暢旺，顧客川流不息，對環境菜品稱讚不已，結完賬不忘再把豔姐的美麗與成功口口相傳。人氣就是這樣水漲船高，豔姐的信眾越來越多，生日party上得以高朋滿座，絕不是虛名。

回顧完這一路過往，豔姐已經端著酒杯轉到我們前面了。酒過三巡好幾回，豔姐面若桃花：「乾一個唄！」

豔姐說罷仰起粉色的小脖，一飲而盡。

服務生見機連忙又給倒滿。

「乾一個，必須的！」我趕緊跟上，一點都沒猶豫。洋酒兌飲料加冰，入口只有甜味，後勁上來再說。

「這麼就乾了啊？一點祝酒詞都沒有。」小曼可能犯職業

病，電台放歌之前一般先鋪墊兩句。

「那就祝豔姐生日快樂！永保青春！」何大人建議。

豔姐笑盈盈地看著我們3個，沉吟了一下，再次舉杯，一字一字地說：「為榮譽而戰！」

我們3個一振，隨即同時將酒杯高高舉過頭頂，一齊說道：「為榮譽而戰！」

豔姐心滿意足地轉身，返回到歡樂人群中，馬上又被包圍了。

金銀財寶不長腳，我心裡有底。如意郎君有一時容易，有一世難，有了心裡也還是沒底。

先贏了再說。享受妳戰利品的時候，妳心裡可以繼續憤世嫉俗。不要濫用憐憫給競爭失敗的人，因為下一次也許會是妳。

面子是別人給的。別人會把面子給那些堅持表現出誠實、勇敢、勤奮和可靠的人。不以以上這些元素作為給面子準則的人，妳也不用在意他給不給妳面子。

我們是動物進化來的，即使高級也還是動物，達爾文主義一直適用。只有把自己訓練成更敏捷、更強壯的動物，才能活得好點。所以懶惰消極肯定不是長久之計，要是在動物世界，在金字塔底的妳還這麼耗著，已經死了。

11
從臭跑龍套的做起

　　我們中華文明是有這個傳統的，剛入行都先從學徒做起，就算學武功也要先挑水掃院子，幹得好了，師傅一高興才願意教你兩手，所以讓師傅高興很重要。

　　不管入了哪行，不管別人怎麼說，最要緊的是幹起來自己開心，這麼看來，很難說是當鳳尾還是當雞頭更好，要我說開心最好。

中央電視台，乃一代又一代的廣播電視人才為之心馳神往的最高殿堂，威震四方。

2001年，我將從廣播學院畢業，在望眼欲穿中終於迎來了我人生的第一份差事——央視實習生。

為了這個差事，我做了些準備工作。比如選上學院優秀幹部，同時每天朗讀《人民日報》，關注時事新聞。經常觀摩著名播報員的一顰一笑，琢磨他們語音的抑揚頓挫。為了在鏡頭前顯得心胸寬廣，我還請化妝師剃掉了左右眉頭各一截眉毛。

中央台的演播廳對我並非十分陌生，我分別在13歲、14歲和16歲去錄製過各種少年兒童節目。在13歲參加的節目裡，我客串一個小主持人，有一段50字的台詞，錄製之前在家裡簡直背到天荒地老。當天節目的嘉賓是李修平老師，她聽我說完台詞，笑吟吟地對我說：「妳的口齒和聲音都不錯，以後可以當播報員。」就這麼一句話，13歲的我信以為真，等啊等，5年之後高三畢業，就去報考了廣播學院播音系。現在廣播學院早已改名叫中國傳媒大學，為了敘述起來親切，請允許我繼續簡稱為「廣院」。

播音系是個另闢蹊徑的面對大眾的小眾學科。通過層層選拔和培養，將來到電視台面對廣大觀眾的時候，要口齒清楚，要形象端正，要言之有物，要擲地有聲，要不怯場，要人來瘋。

　　我對照哪條都有差距，我說話著急了就容易胡言亂語，面頰帶嬰兒肥，不關心國家大事，觀點一律停留在中學寫評論文水準，我見了熟人說話常沒頭沒腦，當眾說話就扭捏失語。多虧廣院複試那天我抽到的即興演講考題是「高考倒數計時之感想」，正巧我那兩天給班上畫壁報，從《少年文藝》裡抄寫了一首內容相關的詩歌，憑藉著對詩歌原始的熱愛我還自己吟誦了幾遍，竟然大致背下來了。於是我在數位德高望重的主考老師面前，將該詩又佯裝鎮定地背誦了一遍。我猜一定是這首詩成全了我，讓主考老師以為我非但面無懼色，竟然還出口成章，信手拈來，於是認定我是可塑之才，錄取了我。

　　廣院4年如白駒過隙，在我全然沒有準備好的情況下，糊裡糊塗就畢業了，就這樣開始了實習生生活。剛才忘了說，我的實習第一個工作內容非常重要——給央視新聞中心播音組的各位前輩老師拿便當。

　　如果是央視晚間檔的新聞，比如9點的新聞，那應該在7點甚至更早就開始準備了。準備工作包括化妝、整理髮型、熨燙衣物、更衣、為部分新聞畫面配音、熟讀稿件。便當就是為了晚間工作的播報員們準備的。我需要按時到達另外一個樓層發放便當的地方，報個數目，然後拎著便當回到播音組辦公室，擺放在中間那張桌上的一角。除此之外，我有大把時間，可以坐在全中國最權威最核心的播音間的後台辦公室，看各位老師如何遊刃有餘、舉重若輕地準備每天的節目。因為播出安排的關係，我隔一

天會見到一次李修平老師，她依然和當初一樣高挑端莊，我告訴她9年前的少兒節目上她曾說過我適合當播報員，她驚訝地笑了。

實習的日子裡，我每天在央視走廊裡穿行，看一間接著一間的演播室和機房，門口「正在錄製」的黃燈總在閃爍，工作人員們都是行色匆匆地在其間忙碌穿梭。

我都是在一旁怯怯觀望，自卑感油然而生。因為我看見每一個人都在專注於他們手中的工作，根本不像我這般左顧右盼，無所事事。文字編輯們要麼在打電話溝通，要麼在電腦前寫作；非線機房編輯（編注：非線編輯，Non-linear edit，利用電腦對影片與聲音進行剪接，不一定要按照時序。）對著無數按鈕，操作自如，手法之嫻熟叫人眼花繚亂；播報員和主持人不是正在播音，就是手握稿件正在趕往演播廳的路上。導演和導播成為我最敬仰的職業，因為他們總是看上去成竹在胸，面對一排排不同畫面的監視器和外星飛船般的控制台，仍然一副運籌帷幄的樣子。

那段時期，「真才實學」這個詞一直在困擾著我。我無數次糾結於我本人可憐的「真才實學」。我理解「真才實學」應該是一技之長，並且必須是人無我有、鶴立雞群的。一想到我除了把國語說得標準一點以外並無過人之處，心情就十分黯然。況且在這裡，一口標準流利的國語只是最低標準。如果像一些著名主持人那般可以機智詼諧，口若懸河，也算是天賦異稟，而我尚沒有

機會在鏡頭前開口自主表達，我甚至都不知道待我果真面對鏡頭時能否組織出順暢的語言。這麼想來，我根本就是一無是處。

自卑的巔峰終於到來。

那一天我溜進一個機房，觀摩一個非線編輯人員剪輯電視短片。看他如何使用鏡頭語言的時間點來敘述情節，看到疑惑處，不禁向他請教，慢慢就該片的內容和他交流起來。這個時候該片的導演進入了機房，參與了我們的討論。

我並不認識這位導演，正因他的平易近人心生感激時，他突然話鋒一轉：「妳剛剛畢業的吧？妳是文藝編導系的？」

我心下一沉，立刻信心全無：「我播音系的……」

「咳，播音系的啊？你們播音系的會什麼啊？」導演不再正眼瞧我，把注意力集中到短片上去。

我無聲地退出了機房，心情跌到谷底，無限自責。捫心自問我是否真的什麼都不會？同時我又很困惑，因為我依稀記得大學之前我都自詡或被稱讚為是一個有才華的孩子，畫畫和表演也都曾四處得獎，現在看來竟不過是雕蟲小技，無以為生。

幾年以後，當我看周星馳的電影《喜劇之王》的時候，一下子從劇中動輒就提到的「臭跑龍套的」認出了當時的自己，剎那間明白。在我一無所知、一無所有、一無所成的時候，別人如何

判斷和認知我的能力，給予我尊重和肯定呢？我沒有成績，別人也無從肯定，這不賴別人，也不能賴自己，畢竟自己剛剛起步，就是無名小卒。無名小卒，是必經之路。並不羞恥，謙卑就好。

這樣萎靡了1個月，天上掉下禮物，播音組突然派我去給每日城市空氣品質配音。我終於拿著稿件，坐進了配音間，面對一扇玻璃，一盞小燈，興奮地讀出「北京、空氣品質良，天津、空氣品質優……」那麼多省、市、自治區，每天都能唸個幾遍，比起拿便當，可真過癮啊。

又過了1個月，真正來了個大喜訊，播音組選派我和另外幾名實習生開始輪班直播整點新聞。我們也終於可以像一個真正的播報員一樣，風風火火地走進辦公室，化妝、整理髮型、熨燙衣物、更衣，然後配音、熟讀稿件。同時有幾個實習生參加播音，自然有比較和競爭，大家每天互看直播，點評交流，日子過得很快。

那一天，輪到我直播下午4點的新聞，我早早地化好了妝，換了衣服，配好了音，然後等著編輯給我看播音稿。我拿到播音稿時距離直播還有15分鐘，時間緊迫，我速速看了一遍，正準備看第二遍，突然一陣內急，這是緊張的表現之一。我於是把稿件放在桌面上，上廁所去了。廁所回來，桌面上空空如也！我的播音稿不見了！

這裡要解釋一下有關新聞播音的技術內容：央視的新聞播音，播報員使用的是手動提字器。工作原理是播報員隨著朗讀慢慢推動手中的稿件，由垂直向下的錄影鏡頭拍攝稿件內容，再把稿件內容的影像投射到正前方攝影機的玻璃板上。所以，播報員丟了播音稿，有如戰士丟了槍，拿什麼上場啊？戰士還能赤手空拳戰鬥，播報員能乾瞪眼嗎？

「播音稿呢？播音稿呢？」我的血液瞬間湧入大腦，頭皮發麻，開始哆哆嗦嗦地尋找我的稿子。此刻另外兩個實習生也在房間裡，都幫我找起來。

播音組的辦公室不大，找了3圈沒有，5分鐘已經過去了，我強迫自己冷靜下來思考我能做的選擇：

選擇A：去編輯部重印一份。

我初來乍到，應該去找誰重印？剩下時間夠不夠重印？被編輯部知道我弄丟了稿件我會不會完蛋？

或者選擇B：繼續尋找。

我去廁所的兩分鐘裡，稿子長腳了嗎？不能。一定被人惡意藏起來了！藏哪裡了？一定還在這間辦公室。如果我是她，我會藏哪裡？

我迅速地用目光掃描整個房間，走到房間一角一個紙箱旁蹲

下，開始狂翻。這個紙箱是專用收集每天用過的播音稿的，已經裝滿整整一箱。

終於，仿佛找了1萬年，我在紙箱的底層，發現了我那寶貴的播音稿！看見稿件的那一刻我激動的心情絕對永誌難忘。

在離直播還有兩分鐘的時候，我後背汗涔涔地進了演播室，手好像還在止不住地抖，但畢竟我有稿子了。

直播很不理想，一來稿子不熟，二來人已經嚇懵，我播錯了兩處，其中一處的錯誤非常弱智。當我播報到一個大搶劫案犯罪分子伏法的新聞時，原文是「搶劫現金3百多萬元」，我竟然能昏厥到讀成「搶劫現金3千多萬元」。

編輯部主管從他的辦公室衝出來呵斥我：「妳有沒有常識啊？3千多萬現金怎麼搶？拿得動嗎？這樣下去我看妳還是別播了！」

我望著他，突然覺得生活原來如此殘酷和悲涼，張了張嘴，終於什麼也沒說。

後來平安無事，主管並沒有真的封殺我，還是讓我繼續播了下去。但我已經是一朝被蛇咬，好幾次做夢丟了稿子，在冷汗中猛然驚醒。有時候大白天也會突然間後怕到全身痙攣，如果，那天一念之間沒想到去翻紙箱，會怎麼樣？往下不敢再想。

從此我即使上廁所，都蹲在那裡死死地捏住我的播音稿，做到人在稿件在！我想我是從丟稿的那一刻起，意識到一入央視深似海。雖然都說有人的地方就有江湖，但在真正的險惡江湖裡，有人想讓妳死，妳真的有可能死得很慘。當有利益之爭的時候，我不犯人，人也照樣會犯我！

再後來央視內部春節團拜晚會上，我代表播音組出了一個節目。節目內容就是在一首歌的伴奏下表現現場繪畫。我中學時候靠這個表演遠渡重洋參加過挪威冬奧會的世界兒童表演，手藝還在。只不過我把抒情音樂換成了勁爆流行音樂，把小朋友手捧和平鴿改畫成凹凸有致的大美人。節目結束時掌聲熱烈，我覺得終於人盡其才，喜孜孜地走下台，經過李修平老師的時候，她突然對我說：「我當時要知道妳畫得這麼好，絕對不會鼓勵妳當播報員！」

我最終沒有選擇繼續做播報員，而是真的從事了與視覺審美相關的領域。直至今日，央視在我的心目中仍然碩大無朋，無所不能。當我不經意聽到央視新聞的背景音樂響起，常常會有時空的錯覺，仿佛自己有個分身依舊戰鬥在新聞播音的崗位上，只是我的真身比較起來更為眼下正在從事的行業著迷。但當我再仰望央視的大樓，我可以說，我來過，我看到過，我也播過了。

沒有絕對公平競爭，接受這一點，然後武裝自己投身到轟轟烈烈的不公平競爭中去。順應規律而行，也是達爾文主義。

當妳一無所知、一無所有、一無所成的時候，沒事不要去想「個人尊嚴」和「個人價值」這類虛詞。一、做好眼前事。二、假以時日。

當面對的全都是前輩的時候，妳就是一個初生的嬰兒，妳無知但無害，最重要的是——妳無瑕。「嶄露頭角」和「一鳴驚人」好似文學作品裡的修辭，妳能做到讓前輩看上去順眼就是成功。

沒有成績，別人也無從肯定，這不賴別人，也不能賴自己，畢竟自己剛剛起步，就是無名小卒。無名小卒，是必經之路。並不羞恥，謙卑就好。

12
遭遇潛規則

　　規則就是看演出前在售票處買票，潛規則就是看演出前在黃牛手裡買票；規則就是考試前背書抱佛腳，潛規則就是考試前拎著點心盒子去出題人家看答案。

　　雞鳴狗盜也是為了更好更快地成事，但沒潛規則的不一定不成事，潛了的也不一定就是走了捷徑。

潛規則這個新詞一被提出來，我第一分鐘就理解了。就像我認識了一朵花的模樣許久之後，突然被別人告知了花的名字，而且這名字還挺傳神。

新詞一出，人們很激動，好像大白天裡突然見了鬼。人們雖然早知道世界是有鬼的，但這下總算把鬼看真切了。廣義的潛規則，涵蓋了很多種類的行業和事件，但由於天性使然，人們說到鬼，普遍喜歡豔鬼；談到潛規則，也就普遍喜歡狹義的潛規則，就是那種粉紅色的。粉紅色的潛規則可以用來捕風捉影，口耳相傳，適於作為佐餐的話題，引發無數遐想，消磨掉許多時間。

大家夥激動的時候，唯有一小撮人默不作聲。這一小撮人包括有能力潛別人的人，聽了傳言不過在暗處冷冷一笑；還包括有資本值得被別人潛，或者已然被潛過的人，牙早都打碎了，嚥在了肚子裡。這其中一定有許多初來乍到懷揣夢想的年輕女孩，她們最有可能遭遇潛規則，當然，我還是指粉紅色的。

我和瑋瑋在大學畢業之際，就曾為了捍衛自己的人格和行業形象，與別人辯論：敢說我們這個圈不好、這個圈亂？你那都是道聽塗說，以訛傳訛，你又不是真混這個圈的，你怎麼就知道了？再說了，就是真有，我們也永遠大義凜然，出淤泥而不染，我們就不向社會陰暗勢力屈服！總歸是邪不勝正吧？我們就不信了，做一個善良努力有實力的人，社會還會打壓我們不成？

　　說完這話沒兩天，我在一個高爾夫節目試鏡通過，瑋瑋也被一個娛樂節目錄取，我們歡天喜地地奔向了新的工作崗位。

　　高爾夫節目的導演，也是該節目的獨立製片人，是個說話滔滔不絕的北京人，大家都叫他鵬哥。鵬哥個子不高，臉上總是放著光，一副創造力旺盛的樣子。試完鏡之後，鵬哥大大地表揚了我，告訴我先回家自學高爾夫知識，多做功課，一個月後節目籌備完成，進棚錄製。我喜不自禁，覺得自己很幸運，工作來得輕鬆容易。

　　節目組經常聚餐，鵬哥總是帶著攝影與編導幾個人東吃西吃，席間還連帶開展工作會議。我參加了兩次，看到整個隊伍相處融洽，很是開心。接觸多了，發現這個高爾夫節目也有難處。由於是製片人承包類節目，所以節目前後的廣告和冠名等，要依仗贊助商的贊助。拉贊助自然是要花工夫的，但這個不是我能夠擔心的事情。

　　除了與節目組內部人吃，鵬哥說還要拉上我和贊助商一起吃。鵬哥說得有理：人家看到妳節目主持人的水準，才能去判斷節目整體的品質，才會有信心贊助妳。我覺得我已經是節目組的一份子，有責任義務幫助節目組增光添彩，就義不容辭地答應了。

　　這一吃不要緊，綿綿無絕期。

　　星期一和場地贊助商，星期二和球杆贊助商，星期三和球衣贊助商，以此類推，週末無休。我吃得渾渾噩噩，胃腸顛倒，好歹總結出幾條，但凡生意有點規模的人，第一，愛聊天；第二，愛喝酒；第三，喝好了愛捏年輕女孩的小手。而飯桌上唯一的年輕女孩，就是我。

　　如果各位贊助商是妙齡帥小夥，我雖然也不好讓人隨便就摸了小手，但迴避閃躲起來，總能算是青春風情、少年嬉戲。問題是，來人10個有10個是奇怪的大叔，而且形狀各異。歲月不饒人哪，他們喝多了以後，膚色與造型就讓人更加不忍逼視。但奇怪的大叔們自己對此渾然不覺，仍舊吞雲吐霧地侃侃而談，說到興奮處，混濁的眼睛還放出小光來，嘿嘿兩聲，鷹爪般的大手就伸將過來。我如臨大敵，連忙左推右擋，大叔樂了，以為我在故作扭捏嬌嗔，於是抓得更加牢固。每當這時我都用求助的目光望著鵬哥，鵬哥對此好像永遠視而不見，為了節目組的面子和利益，我一不好拍案而起，二不敢拂袖而去，只好無限屈辱地放棄掙扎，絕望地等待大叔自己攥得累了把手鬆開。等到終於鬆開，我那瘦弱的小手早已被鉗得白中泛青。最噁心的是，被捏過的地方總是黏糊糊，油膩不堪，我一陣反胃，不知道大叔剛才都用這手摸過什麼。

　　頓頓飯局超過3個小時，包廂裡永遠烏煙瘴氣，我可憐的小手被幾經蹂躪，再加上腸胃不適和心靈打擊，終於病倒了。

病倒第二天，鵬哥就給我打電話：「丫頭出來吃飯啊？」

「我病了，胃疼，我不出去吃了。」我委屈極了。

「胃疼啊？我叫服務生給妳沖杯溫的蜂蜜水，喝了就好了。妳不能吃就少吃點，我現在過去接妳啊！」鵬哥說話快，根本沒容得我插嘴。

「鵬哥我真不想去了。每次我都乾坐那好幾個小時，很難受。」我越發委屈。

「妳怎麼回事啊？那幾個贊助商都覺得妳當主持人非常好，點名讓妳來呢，我已經答應他們妳一定來了。趕快的，別讓人家等我們。」鵬哥明顯不高興了。

「離錄影不是還有半個月嗎？我到時候一定好好主持行嗎，鵬哥？」我都帶哭腔了。

「妳這個丫頭怎麼這麼不懂事！這個主持人多少人想當呢，妳知不知道？摸妳兩下會掉塊肉嗎？就討厭妳那個可憐乖乖女的模樣！」鵬哥連珠炮一樣地罵我，把我罵呆了。我覺得這不是我認識的鵬哥，他當初決定用我的時候，還特別誇我氣質出眾。

看我半晌沒說話，鵬哥可能覺得他罵重了，又開始軟硬兼施：「丫頭妳幫鵬哥想想，這一輪贊助談了幾個月了，就差臨門

一腳了。贊助商說喜歡妳，妳就幫鵬哥個忙。到時候咱們節目賺錢了，妳也出名了，多好啊！到時候，全國高爾夫愛好者，都認識妳！」

鵬哥不說這最後一句，我還泛起點惻隱之心，他一說全國高爾夫愛好者都認識我，我真徹底嚇壞了。幾個奇怪的大叔，我已經招架不住，全國還有多少高爾夫奇怪大叔啊！

我最終沒有去赴飯局，那天以後，鵬哥也再沒有給我打過一個電話。他一定會告訴別人，他挑這個主持人，算瞎了眼。

奇怪大叔們讓我心驚膽寒，但比起瑋瑋的經歷，就是小巫見大巫了。

瑋瑋進了娛樂節目組，沒有馬上做主持人，組裡安排她先觀察實習。瑋瑋並沒有失望，畢竟初出茅廬，的確應該向前輩多多虛心學習。瑋瑋是山東人，外形屬於犀利那類的，性格大方直爽，在組裡也肯吃苦耐勞，同事都挺喜歡她。

實習了1個月，瑋瑋覺得自己翅膀硬一點了，主動去找主任問什麼時候能上節目。主任把瑋瑋上下打量了一番，告訴她：「妳外形條件都不錯，性格也適合娛樂節目，很有發展，就是缺乏經驗。」

「那您看，我怎麼儘快增加經驗呢，我這個月學了不少東西

了，得有機會才有經驗啊。」瑋瑋急切、虔誠地注視著主任的大扁臉。

主任看著瑋瑋那一雙黑葡萄一樣的大眼睛，沉思了一下，然後說：「那這樣吧，我抽個時間給妳講一講。白天我都比較忙，過幾天下班吧，我提前通知妳。」

瑋瑋像得了聖旨，好幾天都沒睡好覺，天天盼著主任的通知。終於有一天，主任給瑋瑋打了個電話：「晚上7點，妳在西門口對面馬路上等。我開車出來接妳。」

當天傍晚，瑋瑋坐著主任的車，來到了西三環香格里拉飯店1樓的酒廊。

在酒店逗留的4個小時，瑋瑋說讓她記憶猶新，永誌難忘。

兩人落座之後，主任要了一瓶紅酒，給自己和瑋瑋倒滿。

主任說：「我們先不用吃飯了吧，反正妳上鏡有些胖。」

瑋瑋馬上很慚愧，當時就下定決心減肥。

主任先從瑋瑋的星座和業務愛好問起，瑋瑋覺得這是主任知人善任的表現，都認真回答。主任再問起瑋瑋的戀愛情況，瑋瑋怕主任嫌棄她沒有全心放在電視事業上，有也說沒有，主任滿意地笑了。

不知不覺，第一瓶紅酒喝完了，主任又要了一瓶。第二瓶快見底的時候，瑋瑋依然臉不變色，神采奕奕。

主任有點詫異，心虛地問瑋瑋：「你們山東人，女的也都挺能喝的吧？」

「那也得看人。我媽原來不能喝，都是被我奶奶練出來的。」

「妳奶奶？」主任驚了。

「對啊，我爺爺去世以前，他們老倆口每天都燙壺燒酒喝。我爺爺去世以後，我爸忙老不在家，我媽就陪我奶奶每天繼續燙燒酒喝。我媽要不在家，就是我陪我奶奶喝！」瑋瑋繼續眨著她那毛茸茸、黑葡萄般的大眼睛。

主任汗都下來了。千算萬算，沒算出來今天約出來一個小海量。主任有所不知，一瓶紅酒根本不是瑋瑋的量。她沒被放倒，主任自己先倒了。

主任是真暈了，但是他看到瑋瑋臉上多少有了點紅暈，又燃起了希望，正好將計就計。

主任用的是苦肉計，東倒西歪地說喝多了開不了車，一動就暈，然瑋瑋幫他就在樓上開個房。

房也開了，主任也被扶上床了，躺在床上剛只捏了瑋瑋的腰

一下，冰雪聰明的瑋瑋，瞬間就明白了。

「主任！主任您好好休息，我回去了。」瑋瑋沒等主任說出下一句話，突地抓起包，從香格里拉酒店落荒而逃。

自然，我沒有當成高爾夫主持人，瑋瑋也被迫離開了娛樂節目組，就業迫在眉睫，我們都來不及悲憤就奔向了下一個工作崗位。但從此學聰明了，進組先察言觀色，然後默默地採取戰略防禦。

就這樣，我們和潛規則初次相遇，有驚無險地擦肩而過。但我知道，躲得掉是因為我們都有退路。這扇門關上了，我們自知可以再去別的一扇。而有的人是躲不掉的，或者不能躲的。

假如妳是個天生美人胚子，但是家境貧寒，全家都指望著有朝一日靠妳雞犬升天。於是孝順的妳從15歲就立志當女明星，起早貪黑地練功。但是偏偏運氣欠佳，熬到25歲，才混上了一個三流電視劇女配角。這時候一個知名導演偶然發現了妳，說妳條件和感覺都不錯，是可塑之才，還說會考慮啟用妳當一部大戲的女主角。只是──話裡話外要跟妳潛規則，考驗妳的時候到了，妳潛還是不潛？

當然，妳也不傻，知道潛了也不一定真讓妳演，但是如果不潛，就一點機會沒有，妳前半生的10年投入就繼續將付諸東流，妳家鄉的老母親依舊眼巴巴地盼著妳的好消息，卻不知道妳

要哪天才能熬出頭——如果把妳逼到這個份上，妳潛還是不潛？

　　設身處地地想了想，我覺得，太糾結了。

　　沒經歷過人家的境遇，就沒有資格不齒和唾棄人家的選擇。只應該慶幸自己沒有走上那條血雨腥風的路。當然，爹媽要是沒給那模樣，想走也沒資格。關鍵在於，走之前要想清楚那未來的代價，一旦走起來，就是逼上梁山，青春只來一遍，很難回頭。

　　在一個通過交換運轉的世界裡，人人非得用自身所有的去換自己沒有的嗎？我看到一批又一批的女孩，懷著夢想走上征途，我聽見一個又一個關於粉紅色潛規則的故事，依然在世間流傳。他們說潛規則已經是客觀存在，我說那麼祝她們幸福。如果毒藥是藥，潛規則就是規則。

前半生已經嚐夠了慘澹生活的苦頭，現在機會就在眼前，信念稍微轉動，也許就可以改寫自己和家人的歷史。能力和機會現在給了妳，妳是要立馬兌現還是要堅持信念？這個思考過程一定是糾結的。

沒經歷過人家的境遇，就沒有資格不齒和唾棄人家的選擇。

走之前要想清楚那未來的代價，一旦走起來，就是逼上梁山，青春只來一遍，很難回頭。

如果毒藥是藥，潛規則就是規則。

13
你的心有多大？

　　從小我就敬畏那些什麼時候都很正經的人，從來都只看有用的書，只思考有意義的事，拒絕在無聊的地方耽誤工夫。

　　我永遠忘不了，當我問一個小學同學的人生志向時，他回答說：「燕雀安知鴻鵠之志，夏蟲不可以語冰。」他現在已經是個哈佛博士。

　　我在成長中總是一而再、再而三地與這樣胸懷大志的人相遇，並見到他們終於達成所願。欲壑難填不可怕，可怕的是，再深的欲壑，真有人能自己一鍬一鍬填上它。

號稱，心有多大，舞台就有多大。是這麼回事嗎？

我一直覺得我的心挺大的。

大學畢業，我在中央台耗了大半年，觀察、思考、自我剖析，認定自己不適合這個職業之後，伺機轉型。當新聞播報員當然好，但是好的工作不一定適合每個人。新聞先輩有言在先，當一個合格的有作為的播報員，要善於戴著腳鐐跳舞。可誰要帶著腳鐐跳舞啊？我要奔跑，跑累了我還要四肢伸展地躺下來休息呢。所以說，我的心真是大啊。

我的心都大成這樣了，需要放開來奔跑，那我的舞台得多大啊？

轉型的第一站，我到跨國公關公司面試並通過，之後歡天喜地地上班了。

公關公司的工作內容異彩紛呈，整天頭腦風暴，再風風火火地策劃組織活動。活動選址涵蓋京滬港各大豪華酒店，選址成功之後，再設計丈量，建造舞台——這可是實實在在的舞台！每當我比手畫腳地調度著整場活動，我覺得我的心應該有場地這麼大吧，少說也得有個100多坪。

隨著每一次大幕拉開，燈光亮起，一場接著一場的活動，翻台率之高之狠，非常過癮。要說腳鐐也是有的，那就是預算的限

制。不過這個腳鐐跟我也沒什麼關係，因為它都套在老闆的腳踝上了。

在公關公司，我每天小宇宙充飽電，如魚得水。如果身在電視台，我是作業台的最後一環——人肉喇叭朗讀機，一個喇叭癟了有另外一個立馬頂上；而當我身在活動現場，作為執行導演，我就是串起各個作業台的鏈條，簡直就是沒我不轉，唯我馬首是瞻。活動這東西非常有趣，在一個完整的活動執行中，邀請函是2D的，舞台是3D的，時間表是4D的。背景音樂的強弱，燈光的明暗，甚至司儀台詞的平仄，連到大螢幕內容的節奏，全部融匯其中，只為主題服務。理想的慶典和活動可以做到盡善盡美，精益求精，甚至最終效果會超乎預料與想像，讓我們的來賓驚歎、讚美、流連忘返。

我也流連忘返。每次開場前，我那難以抑制地期待與激動，遠遠大於直播前的倒數計時。看見自己生養的閨女就要揭開蓋頭，當親媽的即將功德圓滿，哪有不激動的？每回活動勝利結束，我也都覺得自己功德圓滿了，所謂物盡其用、人盡其才。

我每天別著耳麥，飄飄欲仙，激動了6個多月，公司來了個新同事。

新同事是個漂亮女孩，叫Heidi，就坐在我旁邊。Heidi小尖臉蛋，皮膚挺白，點綴著幾粒章子怡式的小斑點。她與我同齡，卻好像和我沒什麼可說的，每天只是按時完成老闆交代的任務，

對待工作兢兢業業，對舉辦活動遠遠沒有我那麼大的熱情。她加入公司1個月後，公司接到了一個超紅的化妝品公司的慶典項目。

這個超紅的化妝品公司，叫「雅詩蘭黛」。

雅詩蘭黛一來，Heidi就跟打了強心針一樣，在專案初始就廢寢忘食地搜集資料，並親自去確認和挑選活動涉及的每一個環節。我第一次發現，她在顏色和質地上有著比我還苛刻的要求，不放過任何一個微小的可能會偏離初衷的細節。她甚至比對每一束插花裡花瓣的形狀是否飽滿，每一支投射燈的角度是否不偏不倚地照射在花束上，亮度是否能造成美輪美奐的投影。江湖上都說，我們這一行的人做久了，一定會成為完美主義者和偏執狂，Heidi分明已經彰顯了她的潛質。

「妳會成為最好的活動策劃。」我由衷地讚美她。

「活動策劃？誰要當活動策劃啊！」Heidi不屑，我拍在馬腿上了。

意料之內，活動大放異彩，大獲成功。天下沒有不散的筵席，再美好的現場，第二天也撤得七零八落。雅詩蘭黛一走，Heidi的精氣神仿佛也突然散去了，又變得平靜和寡言。有兩天午飯後，她甚至趴在桌上的文件堆中睡著了。我想讓她趴得舒服點，於是替她挪開滿桌的文件，這才發現那一本本的是GMAT習

題集。我恍然明白，原來她另有打算，工作只是工作，私底下目標是奔著MBA去。GMAT我有所耳聞，傳說短期內要拿高分的話，要搏命學到生不如死。我看著她的小背影，想像著她的苦讀之夜。

我白天工作上躥下跳很消耗體力，下班後就喜歡吃喝看電影做調節，臨睡前再看點各類雜書，覺得每天都是充實的一天。工作狀態一亢奮，人就有點嘮叨，中午吃飯數我最愛說話，常常和眾同事肆無忌憚地聊著瑣碎生活、八卦時事。日復一日，不覺時光流逝。

轉眼我和Heidi前後腳來到公司已近兩年，一個尋常中午，忘了其他同事都去了哪裡，只有我和Heidi兩個人面對面吃飯，我像往常一樣邊吃邊說、滔滔不絕，她像往常一樣沉默。

突然，她抬起頭打斷了我的話：「妳就這樣一天一天迷糊著過吧。」

「啊？」我一下子沒聽清楚。

「妳看著，10年之後，妳什麼樣？我又是什麼樣？」她看著我，面無表情。

我整個人瞬間呆掉，飯還在嘴巴裡。我沒有馬上明白她話裡的意思，但我知道，她這是在鄙視我。

「我一週前已經辭職，下個月就離開公司了。」Heidi眼皮不抬地說。

我更加吃驚，一時間沒有話講，心想她的GMAT一定是考完了吧，她要去讀書了吧。

Heidi沒有再說什麼，拿紙巾擦了擦嘴，起身離去。

我一個人坐在那裡，食欲全無，漸漸地對自己感到莫名的憤怒。在Heidi眼裡，我一定是個毫無心機、胸無大志的大傻妞。她話少，並不是因為她內向，而是因為與我等從未有過共同語言。我的目光，只看見眼下的每一場活動。而她的目光，一直望向不可知的遠方。

我的惱怒還來自於最初的回顧，因為我記起，我的心曾經好像是很大的，那麼我要的舞台呢？是每回平均100坪的場地嗎？我第一次迷惘了，一直想著Heidi冰冷的面孔，還有她的話：「妳看著，10年之後，妳什麼樣？我又是什麼樣？」

午夜夢迴，我開始捫心自問：10年以後，2013年，我會是什麼樣？我想要什麼樣呢？

因為Heidi的一句話，我在外資公關公司的歡樂時光，就這樣結束了。日子還是一樣的日子，但我的心變了。怎麼說天堂和地獄都在人的心裡。

　　Heidi走的時候，公司裡有例行的歡送會。會上，我一反常態地沒有再多話和耍寶。Heidi與大家告別時露出了微笑，對自己的未來去向卻隻字未提。

　　我覺得她的微笑神秘極了，我開始無法抑制地嫉妒起來：她一定早早就知道她想要的夢想，她想要的舞台。她是不是已經為此計畫了3年，甚至5年？在我還懵懂、在我對我要的舞台還惘然無知的時候。

　　我不能再忍，終於上前去問她：「妳要出國去讀MBA是嗎？」

　　她顯然覺得有點意外，但馬上自然地回答我：「還沒有最後確認去哪裡讀。」

　　這就是說，還不止一個offer了。我想起我毫不用心的生活，突然有點失衡，但還想盤根問底：「那讀完以後，妳的打算呢？」

　　Heidi看了我一會，突然把我拉到角落裡，用我從未聽過的坦誠語氣告訴我：「我志不在此，我沒有那麼喜歡做公關活動。我一直在想我要的是什麼，直到做了雅詩蘭黛活動，我才知道我真正喜歡的是時尚和精品行業。所以我先要到紐約去念書，也離這個行業近一些。」說完，她緩緩地吐了一口氣。

　　Heidi走了，我看著她空蕩蕩的位子，心想，光心大是不足

以有大舞台的，還需要知道那個舞台在哪兒，長什麼樣。

　　Heidi 走了以後，我經常冥思苦想，為什麼我確實在做著喜歡的工作，但我的舞台卻只有這麼小呢？我開始把目光從活動細節上抽離開，打量週邊的人與事。漸漸地，我發現老闆的腳踝上，其實並沒有戴著我認為的隱形腳鐐。客戶對於每個專案的期望和預算，從來沒有束縛過任何人，而是推動著每一個人！這些工作，其實相當於老闆在駕駛的汽車。客戶期望就是車要去的方向，那預算就是車的燃料，老闆才是把握方向盤的人！我們每一個執行者，其實就是維修站的工人，職責只在於擦亮每一個零件，保持車各部分的正常運轉而已。

　　維修工人當然很重要，我也還算勝任。問題是，我的才能，是不是只夠做維修工人？

　　我真正想做的是維修工人嗎？不是。我想做駕駛汽車的人！我想掌握方向盤，風馳電掣地前進，所到之處，都是我的舞台！思考到這個層次，我開始興奮莫名，終於知道什麼是自己真正要的舞台了。

　　興奮了一陣子，我又沮喪了，因為我發現：光心大是不夠的，知道舞台在哪裡也是不夠的，能耐還得夠大。

　　Heidi 走後 3 個月，我也從公關公司辭了職。既然 Heidi 選擇了去時尚中心浸淫薰陶，我決定選擇去學堂回爐重鑄。我開始準

備考研究所，報考了人民大學藝術學院。

　　1年以後，我被人大研究院錄取，Heidi也從紐約大學發來了問候郵件，10年後我怎樣她怎樣的事，她再也沒有提過。

　　研究生2年級，我在北京市朝陽區註冊了自己的設計顧問公司，終於可以開始駕駛自己的汽車了。縱然車小燃料少，但方向盤始終是抓在我手裡的，這感覺好到不行。

　　公司成立兩年後的一天，在客戶的會議室裡，我看到了一本英文版的時尚雜誌，隨手翻閱間，突然看到了Heidi的照片！我渾身一震，馬上定睛細看，她的照片附在「精品行業的華人女性」一文中，她的臉還是很白、很尖，正在自信地朝鏡頭笑著。我再次想起那一天她對我說的話：「妳看著，10年之後，妳什麼樣？我又是什麼樣？」

　　那一刻，我發自心底地感謝Heidi，是她喚醒了我。否則，我也許很久以後才會瞭解心與舞台的聯繫，等到那個時候，不知道是不是還來得及，也不知道，還有沒有今天的勇氣。

　　這是Heidi與我10年的約定。那天的10年以後，應該是2013年，我盼望著，看她什麼樣，我又是什麼樣。

　　沒錯，心多大，舞台就有多大，但是先要在心與舞台之間，找到通路，並勇敢地走下去。

　　她話少，並不是因為她內向，而是因為與我等從未有過共同語言，我的目光，只看見眼下的每一場活動。而她的目光，一直望向不可知的遠方。

　　日子還是一樣的日子，但我的心變了。怎麼說天堂和地獄，都在人的心裡。

　　光心大是不足以有大舞台的，還需要知道那個舞台在哪裡，長什麼樣。知道舞台在哪裡也是不夠的，能耐還得夠大。心多大，舞台就有多大，但是先要在心與舞台之間，找到通路，並勇敢地走下去。

　　每個人先天能量區別很大，有的人寡淡無味，有的人跌宕起伏，都是從自己的能量發揮出來的。先天能量這個東西沒法攀比，自己跟自己比，滿足就好。關鍵是正確估計自己的能量。

14
要，還是不要繼續上學？

　　畢業就一直工作做出成績的人很多，中途去上學學成歸來做得不錯的人也很多。所以上不上學這個問題相當地因人而異，諮詢別人用處不大，無論是打擊妳還是鼓勵妳的人，其實都沒根據。

　　小馬要過河，不知道水的深淺，老牛說水特別淺，松鼠說水非常深，究竟小馬能不能過這個河呢？這個寓言告訴我們：小馬要和老牛和松鼠比比個頭，才能心中有數。

考研究所的網上報名表格密密麻麻的，我研究了半天，在「非應屆」、「跨專業」、「全職學生」3個選項後面，都打上了鉤。其他各項都填完以後，我又仔細核對了一遍，鄭重地把滑鼠游標移到最下面的「提交」，輕輕一點，我就算報上名了，正式躋身為考研究所大軍裡的一員。

與此同時，我的朋友黎楠小姐正在一邊複習託福，一邊準備申請材料，為留學做全面準備。

突然想再去讀書，是工作了幾年後很多人都會萌生的念頭，我也沒能倖免。

讓大家有心重返校園的原因很多，不一而足。有的是因為工作後頻頻發現，書到用時方恨少，學過的東西用跟不上，要用的東西又沒學過；有的好似因為升職加薪對學習的需要，也就重返校園；還有的是因為突然找到了自己的志向，於是決定追求理想回爐重鑄；可能還有一種，是因為幾年之後仍然無法適應職場環境，索性再躲回象牙塔遁世當學究，只為圖個清靜。

考試大軍裡，我應該屬於回爐重鑄型選手。黎楠屬於既想多學知識，又想重返校園，一石二鳥。

所有事情，都是動心思的人多，真出手的人少。可是生活本身，是坐而言不如起而行的，否則世間早就充滿了英雄和強人。動心思了卻沒出手，還不如沒動過心思。雖然心思曾動，卻由於

種種原因選擇了按兵不動，在未來難免不是追悔就是遺憾，總會留下痕跡。

我出手了。

下定決心往往只是一念之間的事情。現在想來，作為一個心血來潮的非應屆考生，我當時孤軍奮戰，不知道形勢的險峻，最大的好處是因為無知而無畏。一個林中的夜行人，如果每一步只能沿著手電筒找到的光亮前進，反而能漸漸走出深山。他倘若最初就能夠俯瞰到整個偌大的森林，也許一早就因為恐懼和絕望放棄了。

能不能考上是一碼事，真要考上了，花3年去上學拿個碩士，代價值不值得，又是另一碼事。

如同就業和結婚，未來的形勢和變數都是無法預估的，簡直就是賭一把。勝算的概率再大，總還是有輸的可能。重點是看你是不是輸得起——年輕時候本來一窮二白，也真沒什麼輸不起的。

黎楠總怕她輸不起，因為留學學費不菲。她天天計算學費和將來就業收入的投入產出比，但也沒個結論。

權衡眼前利益和長遠利益這件事當然很難，別說我和黎楠搞不定了，連大公司裡做過無數調查研究的投資項目也會運作失

敗。對我們來說，除了讀書期間真金白銀的收入沒了，時間成本其實更為昂貴，那可是我貨真價實的青春！

當然，青春總要過去，早先發呆談戀愛已經讓青春過去大半，後幾年如果能有幸虛擲在知識殿堂，已經謝天謝地！否則，也不過奉獻在庸碌工作換來的工資卡上。既然是青春，沒有包袱和家眷，有機會當然好過沒有。

我算來算去，始終覺得與其令眼下的工作做不出名堂，不如去歸隱修行。因為武林高手一戰敗北之後，都曾經有隱忍、醞釀和蟄伏期，而後脫胎換骨，練就蓋世武功。武林高手的閉關終究是暫時的，為得是能夠威風凜凜地重出江湖。

我托腮思索，鏡頭早已切換到我的前生後世，只見我站在群山之巔，昂首挺胸目光望向遠方蒼茫的雲海，身後的劍鞘閃著寒光，玉樹臨風，衣帶飄飄，此時群山間還要恰到好處地響徹《鐵血丹心》的主題曲。我在山巔越站越 high，呼吸吐納著天地之氣，凌雲壯志充滿胸臆，最後但見天邊寶光一現，心下一橫，寶劍「噌棱棱」揚眉出鞘，就這麼定了！

心目中的無敵女俠鼓舞著我，去公司辭職了。辭職是必須的，凡事不破不立，無敵女俠想要成事，非要有殺伐決斷之心！

黎楠為我的壯舉拍手叫好，但輪到她自己，她說還是先雙管齊下。畢竟，她本科專業是英語，辭職學託福，當然不至於。

　　黎楠她媽對黎楠的留學計畫意見很大，她媽說：「女孩子大學也念了，工作也不錯，不趁這兩年找個好人嫁了，折騰那麼老遠做什麼？」

　　黎楠不怕遠，但是說到嫁人她卻是含糊了，心事重重地跟我說：「妳說我到了那邊幾年，是不是真會耽誤找男朋友？」

　　「以後的事誰知道，總得往前走走看。」我說。世界這麼大，我一萬個支持她去留學。

　　都說「恬恬吃三碗公」，但我天性喜好大鳴大放，幾天就把辭職考研究所的決心廣而告之，意在為自己營造一個昭告天下、全員監督的理想學習環境。還以為各路神仙都會讚賞和鼓勵我的英勇決絕，但人們對此的反應卻截然不同。

　　我媽說：「好啊有志氣，妳兩個表姊都是碩士，考上了和她們平起平坐。」

　　我媽連同我兩個表姊都是會讀書的人，而偏偏我不是。她們一定覺得考研究所不過如此。

　　但我媽還說：「萬一發揮不好，考不上，再換個工作上班就是了，頂多耽誤半年。」

　　我親媽如此懷疑我的水準，這讓我很不樂意：「考都沒考，就先說考不上，這是消極的心理暗示，不能這麼說！」

「不說不說！」到底是親媽，都依我。

再聽到其他人的意見，才發現提供消極心理暗示的大有人在。各種言論如下——

代表性言論一：妳就不應該辭職，邊上班邊考研究所，考不上也不耽誤。

代表性言論二：妳現在不是挺好的嗎？折騰什麼啊？到時候考不上，這個工作也沒了，多丟人啊！

代表性言論三：考研究所有什麼用嗎？念完了做什麼妳又不知道，不如工作3年實惠。

如此種種，把我打擊了。

莫非是我受的傳統教育和理想主義在作祟？我認為讀書越讀越高，力爭上游，總是積極的；我還認為，我追隨了我的理想，並去報考我嚮往的專業，也是積極的；整個人生裡，但凡可歸納為努力進取、向上邁步的事情，應該都是積極的，都值得去試——值得去試的事情就是這樣，讓人有點擔憂，有點害怕，但是一旦努力將其做成，將非常之爽快。艱難登頂的快感，遠勝過平地急行。

讀書要讀至大學，已經是全社會約定俗成的一塊敲門磚。有了這塊磚，好歹人家能允許你入行起步。入行之後的發展變化，

就全考個人選擇和修行了。社會的篩選與淘汰，就是有人們自我選擇的結果開始的。按部就班地隨波逐流當然容易，因為不用動腦子。輪到自己做選擇，就需要耗費智力、判斷力、決斷力。勸我的人管這樣的自我選擇叫做「折騰」，我不同意，我更願意稱之為「掌握自己的命運」。命運是可以掌握的，當然，有時候還需要些運氣。

雖然自己把道理又想了一遍遍，但面對來自親朋好友的不同聲音，還是不免鬱悶。正鬱悶著，一個多日不見的知心大姊剛好打電話問候我。

該知心大姊是個不可多得的榜樣，她20年前以29歲高齡留學美國，學業有成之後，竟然在美國本土一家500大企業工作做到CFO（首席財務官）。這還不夠，她已經50歲，但仍然身材嬌小細膩，姿容美麗，堪稱數十年如一日地才貌雙全。我大學畢業後，曾在她回國後就職的工作做過兼職工作，她身居管理層，竟然每天抽出10分鐘與我交談，說我有她年輕時的影子。我決心考研究所的時候已經25歲了，卻還沒有她當年一半的美麗和成績，真是羞於當她的影子。

知心大姊慣用的開場白是：「怎麼樣？」

「我辭職了，準備考研究所。報的是中國人民大學，新媒體專業。」只有跟知心大姊，我敢把學校名稱都說完，和其他人往

往說到「考研究所」時就會被對方的驚訝聲打斷。

「辭職了？考研究所？好呀！妳有出息了！」知心大姊的表揚是毫不遲疑的，斬釘截鐵的！

「但是我跟好多人說了，他們要麼反對，要麼說考不上丟人，還有說考考看，考不上就算了的。」終於有人可以訴說我的沮喪，我不吐不快。

「別理他們！妳考妳的！」知心大姊說話語氣那麼堅硬，可是聽上去怎麼那麼舒服啊。

「嗯。我想也是。」我覺得有了力量，知心大姊1個頂他們10個。

「這種判斷，只能妳自己做。別人不知道妳的實力、志向、前因後果，沒法真正給妳建議。」知心大姊說得極是。

「還有，從這樣的事情，妳可以觀察觀察。但凡勸妳保持現狀的人，他自己的人生選擇的也是保持現狀；鼓勵妳給自己留後路的人，他自己做事也會瞻前顧後；鼓勵妳勇往直前的人，他自己也會一直往上走。人們都是以己度人的。」

「啊，是啊，真是這樣的耶。」我不得不佩服知心大姊的入木三分，我鬱悶了好幾天，她一下就一針見血，一語中的。

「所以，吸取建議的時候，那些和妳不是一個思維系統的人，就不用問了。最好問那些同類願望已達成的人，或者問妳的榜樣。」

聽到這兒，我完全茅塞頓開。「您就是我的榜樣！」知心大姊太無敵了，我必須表達我的敬仰之情。

「哈哈，我的時代已經過去了。但是，我告訴妳，妳要有出息了。考上通知我，請妳吃飯。」知心大姊俐落地掛了電話。我依舊暗自欽佩不已，我想知心大姊的字典裡，沒有懷疑、猶豫、徘徊、躊躇這些詞吧。

那麼我呢？我的字典裡也不能夠再有這些詞，因為我是無敵女俠兼知心大姊年輕時候的影子！我把知心大姊的理念告訴黎楠，她贊同不已，馬上全心投入留學備戰。我也從此集中意念，一頭栽進書堆裡，各種紛擾如邪靈避讓，看我得道升天。

我於2003年9月開始埋頭苦學，於2004年1月參加了全國研究生統一考試，於2004年3月參加複試，於2004年6月被中國人民大學研究生院以公費生錄取。

黎楠在半年後被德國洪堡大學錄取。留學德國費用低，是預算有限的最理想選擇。

我與黎楠的考試戰役宣告大獲全勝。

這一次，我採取了低調處理，只電話告知了我媽和知心大姊。

我媽說：「妳要考不上，誰都考不上！」這就是親媽，太不客觀了！

知心大姊說：「考上了是應該的，妳想吃什麼？」多麼輕巧，多麼淡然。

現在，我已經拿到碩士學位兩年了，黎楠畢業後留在了德國工作，有了一個華裔的男友。

黎楠在我的博客上看到了「滅絕組」近況很是吃驚，在MSN上問我：「塔塔結婚了？懷孕了？」

「是呀，預產期在年底。」我很替塔塔得意。

「唉，留學只三日，人間已千年了。」黎楠肯定是想到了她媽當年關於她嫁人的顧慮。

「要，還是不要做一件事，都永遠有選擇的代價，就看妳更想要哪個了。」我說。

「對。我得到了我當時想要的，代價雖然有，但還是值得的。」黎楠發了一個笑臉，「況且，我又不是嫁不出去。」

　　我發了一個彩虹給她：「當然。其實幾乎每一個女人都能嫁出去，但不是每一個女人都有勇氣在學業上達成所願。現在妳已經才貌雙全，只怕想要娶妳的人太多，只有妳樂不樂意嫁的問題。」

　　一個林中的行人，如果每一步只能沿著手電筒照到的光亮前進，反而能漸漸走出深山。倘若最初就能夠俯瞰到整個偌大的森林，也許一早就因為恐懼和絕望放棄了。

　　值得去試的事情就是這樣，讓人有點擔憂，有點害怕，但是一旦努力將其做成，將非常之爽快。艱難登頂的快感，遠勝過平地急行。

　　這種判斷，只能妳自己做。別人不知道妳的實力、志向、前因後果，沒法真正給妳建議。

　　但凡勸妳保持現狀的人，他自己的人生選擇的也是保持現狀；鼓勵妳給自己留條後路的人，他自己做事也會瞻前顧後；鼓勵妳勇往直前的人，他自己也會一直往上走。人們都是以己度人的。

15
站在人生的米字路口上

年輕的時候，生活裡充斥著各種等待和選擇。

往往是這樣──沒得選的時候，抱怨自己命苦；選擇一多，又容易患得患失。最大問題是眼光無論如何看不到那麼遠，怎麼才算是走對路，站對隊，心裡很難有數。

我覺得吧，如果心裡有憧憬，最初幾年還是要堅持，成不成，最後能跟自己說「畢竟我試過了」也是好的。

年輕嘛，累不倒我就歪著，餓不死我就活著，說不定一堅持，就成了呢。

　　婷婷睡在我的上鋪，她和我同一屆入學，中國畫專業。她生在平遙古城青磚大院，也就是張藝謀拍《大紅燈籠高高掛》的取景地邊上長大。那電影裡的風土人情和建築風格，我們當初張著嘴看得一愣一愣的，卻都是人家婷婷成長過程中司空見慣的環境。可以想像當我小時候拿著飯碗一蹦一跳地從機關宿舍樓跑去食堂買饅頭的時候，人家婷婷正在緩緩地邁了一進院，又邁了一進院，然後端坐在一大家子人當中，輕輕地端起茶盅。什麼叫書香門第，什麼叫耳濡目染？所以說我在機關宿舍長大，從小政治課一直考高分，眉宇之間老透著一股英氣，不是沒有原因的。

　　婷婷細眉細眼，柔軟修長，講起話來速度比我慢得多，我們大笑的時候她都在微笑。她在2004年冬天隻身來到北京參加研究生入學考試，隨即金榜題名。婷婷和另外兩個中國畫系的同學分得畫室一間，推門撲面一股墨香，完成及未完成的畫幅鋪滿四面牆壁和案頭，層層疊疊、幕天席地。雖然我也分得一間，但由於專業關係，只得擺放兩台電腦，非常了無生趣。我羨慕婷婷的國畫生活，因此常常去串門，接受藝術薰陶。

　　婷婷每天在食堂吃完早飯就躲進畫室，一畫就是一天，有時候導師會在下午去她的畫室現場教學，講畫評畫，交流近期圈內動態。

　　我記得研究生一年級的時候，婷婷在尋找主題方向和表現手法上憂愁了一陣，她即使憂愁也很安靜，只是坐在畫紙面前扶

著下頜，見我個閒人又推門進來，就問我：「瀟兒啊，我畫什麼呀？我站在人生的米字路口上了。」

我特別喜歡米字路口這個說法，形象無比。

後來有一天，婷婷突然很欣喜地告訴我她有了想法，她決定用水墨表現女人的高跟鞋！於是她就畫起來，先是一只一只的，後來多了，就連成片，變成一片一片的。高跟鞋間歇裡她也畫些別的，比如小鳥、斑馬、襯衫、瓜子、紅燒肉，旁邊還用非常娟秀好看的小楷題字，連門上的留言條都是水墨圖文相配的。唉，才華橫溢也就是這樣子了。

婷婷的高跟鞋一畫就是一年，這一年裡，我好不容易體驗到重歸校園的美好，一點沒閒著。我先跟學生代表團出訪了德國，走馬看花樂不可支；回來又和米秀湊熱鬧考託福，一起複習了兩個月，米秀隨便就考了663（託福滿分677，這就是傳說中的天才），我考了583，只好仰天長歎自己不是那塊料；然後有舊友找我幫忙做個晚宴背景，我就開始研究設計軟體，快速鍵統統記不住，拖拖拉拉地交了設計稿，竟然拿到5000塊錢的報酬。這其實是我創業的緣起，至於創業就是後話了。

我念託福的時候念不進去，每隔兩個小時就去推婷婷的門。她始終維持在一個位置，站累了就坐著，坐煩了再站著。除了手臂握了筆桿蘸了墨汁慢慢移動，根本就是靜止畫面。只有西窗

射進來的光線，越來越斜，漸漸變成金黃，婷婷去開了燈，又站回那個位置，再拿回筆桿，蘸一蘸墨汁。我沒話找話問起她的戀愛，她才抬起頭說：「瀟兒啊，我站在人生的米字路口上了。」

知道了設計可以換錢之後，我第二年比第一年更忙，還煞有介事地拎著筆記型電腦見起了客戶。

回到學校我還是經常去看婷婷，發現她開始改畫瓶瓶罐罐，完成的作品又掛了滿牆。那些容器有高有矮，密密麻麻，畫紙也用得更大了，賣家沒有大房子根本掛不起來。

我的一大樂事就是在她畫畫的時候拿著水杯坐在一邊呱呱說話。婷婷這時候能做到一心二用，和我一個一個話題探討下去。

比如我會問她：「這幅瓶子畫準備定價多少啊？」

「1萬塊吧。」

「這有多少個瓶子啊？兩百來個吧？」

「差不多，我也沒數。」婷婷好乖。

「那相當於50塊錢一個。還可以。」我的商業天賦已經顯露出來了。

「對耶，50塊錢一個。」婷婷好開心。

「那妳再畫100塊錢的，我們就上食堂吃飯去吧！我好餓啊。」

春去秋來，婷婷的生活按部就班、一成不變，但我發現她一點也不悶，非但不悶，簡直已經有畫high了的跡象，可以不吃不喝，不眠不休，而且作畫時面帶微笑，我都懷疑她神筆馬良上身，經由瓶子遁入了仙門。

2006年，研究生的最後一年，婷婷的第一個畫展在798開幕了。我幫婷婷設計了請柬，在封底加入了中國特色的水波和青煙。邊做請柬的時候我就邊想，睡在我上鋪的婷婷，兩年多來，只在做這一件事，心無旁騖，有如閉關修煉。老天要真眷顧起來，一定會讓婷婷這樣先天靈秀、後天勤奮的人，早一些達成願望的。

不出所料，第一個畫展，婷婷一口氣賣掉了10幾幅畫。

幾乎所有人在本科或者研究生念到最後一年的時候，都開始焦急地找工作。這年頭找工作難，畢業生找工作更難，藝術類院校畢業生要想找工作，難上加難是肯定的。

更何況是女生。

畢業前夕，各路人馬都在告訴婷婷她需要開始謀生了，對藝術類的學生來說，找工作無疑是不得已向生活妥協，但總還是要

找的。

　　大家開始製作簡歷，國畫系油畫系的同學也整理起作品集。我以前工作過 3 年，深知大家將要面臨的險惡江湖和之前躲進小樓過生活相差有多懸殊。我不禁擔心起婷婷，一推門，她還坐在那兒畫瓶子呢。我非常吃驚。

　　「妳幹嘛呢？」

　　「畫畫啊！」婷婷肯定覺得我明知故問。

　　「他們都弄簡歷，去招聘會，妳怎麼不去啊？」

　　「我沒想好要不要去呢……瀟兒啊，我站在人生的米字路口上了。」

　　米字路口，呵呵，可愛的婷婷，我禁不住笑起來。

　　「妳哪？妳找好工作了？」婷婷反問我。

　　「我決心已定，我要走上創業之路。」我臉上的表情此時一定很堅毅。

　　「妳真勇敢啊！妳不怕嗎？」婷婷仰望著我。

　　「我想過了，我不妨先自己做起來，因為覺得時機到了。真有一天創業失敗，再找工作，也不是不可以。」如果真是進可

攻，退可守，該有多麼好。

婷婷終於放下了畫筆，瘦瘦的雙臂交叉在胸前：「我沒有想好，是找一份工作，還是做職業畫家，這樣一直畫下去。」

我安靜聽她繼續說。

「如果找一份工作，我一定會後悔，如果做職業畫家，我可能會很窮很窮。」婷婷面對的真是截然不同的兩種人生啊。

「職業畫家是妳的理想嗎？」我問她。

「嗯，我愛畫畫。」毫無疑問，雷打不動堅持畫畫將近 3 年，只有熱愛可以解釋。

「如果我是妳，我不妨先當職業畫家，真有一天活不下去了，再找工作，也來得及。」聰明端莊如婷婷，當然來得及。

「嗯，我覺得妳說得對。」婷婷微笑起來，真正明媚動人。

畢業整整兩年啦，婷婷做了職業畫家，我亦註冊了自己的公司。我們都沒有窮死。

婷婷在兩年間各種畫展接踵而至，畫越賣越多，展覽越辦越好。

我新辦公室開幕的時候，婷婷送來一幅大大的早期高跟鞋作

品，我把它裱好掛在牆上，命名為《辟邪圖》。

　　世間本無所謂人間正道，哪個最適合自己哪個就是正道。美麗堅韌的婷婷其實從來就沒有在米字路口上彷徨過，她早早就知道自己熱愛的是什麼，從年少一直堅持到今天。頂多頂多，她只是在走到米字路口的時候停了停，四下張望，然後更堅定地走上了自己的理想之路。我希望我也是。

　　睡在我上鋪的婷婷，兩年多來，只在做一件事，心無旁騖，有如閉關修煉。老天要真眷顧起來，一定會讓婷婷這樣先天靈秀、後天勤奮的人，早一些達成願望的。

　　世間本無所謂人間正道，哪個最適合自己哪個就是正道。

16
該做的事VS愛做的事

職業人生有兩大糾結，第一個是收我的工作我不愛，第二個是我愛的工作不收我。

其實，第一個糾結很可能是暫時的，眼下的職位和收入我是不愛，但給我管理層當當我可能就愛了；第二個糾結很可能是片面的，愛個表面不能算真愛，好多工作都是表面風光，等幹上了不過如此。

哪行都有人出人頭地，都有人一窮二白，其實真不在行業，而在於人本身。

　　說漁夫的最高理想，就是掙到足夠的錢之後退休，在沙灘曬太陽；說園丁的最高理想，就是掙到足夠的錢之後退休，在花園喝下午茶；以此類推，絕大多數人的最高理想，就是努力幹著眼下的活，攢夠錢，盡量能早點退休，然後去做自己愛做的事。

　　看來，愛做的事，往往不掙錢，掙錢的事，往往不愛做，二者很難兼得。偶爾聽說有誰正在做著愛做的事同時又掙到了錢，人們都不免一陣羨慕，卻又聽到這個人語重心長地勸說大家：千萬別把愛好當工作，否則，連愛好也沒了！

　　能賺錢的愛好得屬於鑽研型愛好吧，比如畫家、古董販子、天才程式設計師，他們天賦異稟，沉迷其中，一來二去還真幹了這行，算祖師爺賞了飯吃。

　　絕大多數人的愛好都是消遣型愛好，包括吃香的喝辣的，看看小說，打打遊戲，遊山玩水，觀賞俊男靚女，飼養貓貓狗狗。雖然沉浸其中的時候也挺投入，但消遣的無非只是皮毛，要真能玩出來了又是另外一碼事，不得已還只能仰仗於愛好之外的工作養活一家老小。

　　照理說，人只要不礙著別人，想怎麼過都可以，但是眼下社會模式就是競爭型的，人總得先求生存，再求發展，先保證經濟基礎，再張望上層建築。哥們裡要有個不上班玩搖滾的，都被認為是不務正業，本來不頹廢，也硬生生被人說頹廢了。總之踏踏

實實做一份工作，是該做的事。

　　心裡知道是應該做的工作，但是做起來卻不舒服、不痛快，甚至因此懷疑自己的人生，時時有離開另起爐灶的衝動，是很多很多人的糾結，包括我和小曼。

　　我比小曼大兩歲，自然比她早兩年大學畢業，也就比她早兩年開始糾結。

　　為什麼糾結呢？我懷疑我入錯了行。

　　當年考播音系屬於無心插柳，再加上少女的虛榮心，覺得上電視風光有面子，一心想紅。

　　但是廣大略有姿色的青春少女都一心想紅，造成播音主持專業越來越火紅，學校嚴重擴大招生。等到畢了業，才發現崗位有限，僧多粥少。資源一匱乏，就容易滋生各種手段的惡性競爭。我在全然無知的情況下被推到競爭慘烈的大門口，一下子就被這個陣勢嚇壞了。面對人前人後，真槍實彈，我意識到要在這條路上爬到光明頂，估計凶多吉少，除非下狠心拼了，否則我可能不靈。但科班都已經讀完了，為幹這行已經準備了4年，剛剛淺嘗輒止，就斷言不喜歡，是不是太幼稚草率了呢？於是我再勉強隱忍了半年，一忍再忍，終於還是決意轉行，逃離了電視圈。

　　兩年以後，小曼畢業了。

據我所知，小曼雖然生得高挑結實，但對運動並不比其他女孩更熱衷。從小我們一起玩過的球類項目僅限於羽毛球，叫得上名字的運動員也屈指可數。當我聽說小曼進入了廣播電台工作，做體育節目的主持人和記者，先吃了一驚。

小曼工作幾個月後，我發現她的臉色有點憔悴：「妳是不是非常累啊？」

「累啊！我都快累死了！每天清晨5點就得起床，風雨無阻！」

「披星戴月啊！這麼早起還得多久？」我覺得如果讓我這樣一直下去，是不可想像的。

「我不知道，這要看台裡安排。反正早晚各一班節目，每一天都覺得時間漫長。」

小曼的語氣透出疲憊，我剛在想日復一日的工作會蠶食掉人的銳氣，小曼又說了：「但是我得堅持下去！都得從基層做起，成功還早著呢！」

「妳喜歡嗎？」我想起我兩年前的糾結。

「剛出來做事，若挑自己喜歡的幹，那就什麼也別幹了。重要的是妳上路了，然後一直往下走。」

「不管方向嗎？」我繼續想著我的糾結。

「誰一開始就能確定自己的方向啊！走走看，摸著石頭過河，總比站那不動強。」

我點頭：「嗯。對！」頓時覺得小曼比兩年前的我堅強。

「這就好比妳是個小雪球，雪原上有一個起點，妳拿不準自己應該朝哪裡滾。但是妳不妨先滾起來，反正到處都有雪，滾到哪兒都能讓自己變厚。妳也許繞遠了，或者後來發現方向錯了，但是妳終究強大了，最後變成個大雪球。變大了以後，再往妳想去的地方滾，總會快一些。」看來，小曼是深思熟慮過的了。

「這叫雪球原理？」

「對，雪球原理！我發明的。」小曼眼裡又放出光來，看來她的銳氣沒有這麼容易被挫敗。

「妳什麼時候想出來的？」我向來都對思考過程感興趣。

「累到想哭的時候。」小曼笑了。

我從電視圈轉行到公關公司的第三年，又開始糾結了。原來，愛做的事做久了，也會慢慢變成該做的事。美景縱然好，看上千遍，也開始變得司空見慣。我想起小曼說過的雪球原理，隨著雪球的變大，可以隨時再次調整方向。人有了見識和歷練，愛

做的事便變得不一樣了。也就是說，定期糾結是很自然的，代表我成長了。

我在茶餐廳見到小曼和她的朋友，電視裡正在直播NBA比賽，他們一邊觀看一邊展開熱烈討論。

小曼竟然輕易就可以叫出每個球員的名字，對技術特點和賽季表現也如數家珍，我在一旁聽得瞠目結舌，一句話也插不上。

比賽終於結束了，小曼才望向我。

「妳好強！」我代表外行對內行表達由衷的讚歎。

「廢話！我每天就幹這個的！」

「我是說妳下了班還能聊啊，妳已經有癮了。」

剛才小曼的樣子宛若一個標準NBA粉絲，我恍然都覺得不認識她了。

「妳是不知道，體育這裡面非常有意思。天天都在論輸贏，絕對是濃縮人生。」

小曼略顯得意，看上去她因為體育，知道了很多我不知道的人生秘密。

離開公關公司第三年，我的糾結再次階段性大爆發，開始

自己研究創業，租辦公室，訂傢俱，招員工，一氣呵成，完全不知疲憊。我多年來的願望——用自己的審美和創意做成產品，被認可，再賣成錢，竟然就這樣一一實現了。我談客戶，演示講解PPT，手繪線稿，寫企劃案，寫慶典台詞，甚至給宣傳片配音，幾個工做下來，不得不用盡渾身解數。之前在電視台和公關公司經歷的一些都仿佛被穿起來，一點沒浪費。我這個雪球東滾西滾，雖然一度方向不明，但哪裡的雪都沾了沾，還是不可避免地強大了。

小曼那邊更加強大，因為2008年北京奧運會來臨了。

小曼的車前擋風玻璃後立著奧運會場的通行證，身上掛著奧運會記者證，揹著一個超級雙肩大背包，裡面揣著筆記型電腦，無數賽事資料，乾糧和錄音筆，風風火火地往來穿梭在各個賽場。

對一個現役的體育記者和主持人來說，能被派往全世界翹首企盼的北京奧運會現場，真是千載難逢，還有什麼比這更好的機會呢。當我們在家看著現場直播，為中國隊奪冠歡呼雀躍的時候，小曼全都在親臨現場見證，坐得離選手要多近有多近。並且在比賽結束後，能夠直接走到奧運冠軍跟前，理直氣壯地把麥克風杵到冠軍鼻子底下，還能跟他有問有答。我們真是羨慕得心癢癢的。

　　整整一個月，小曼如同人間蒸發，不是在奧運賽場，就是在前往奧運賽場的路上。我數次打車，都遇到司機正聽著小曼的直播節目。我想，小曼的聲音一定陪伴過在路上的無數人，陪他們奔向人生的下一站，迎接晨曦和華燈。後來聽說，奧運期間，小曼的節目成為全台收聽率的第一名。我覺得那是小曼應得的，那是從她還是一個小小雪球的時候，累到想哭的時候，就埋下了伏筆的，她一路下來沒有停過，堅持做好該做的事，才有今天。

　　我和小曼畢業於同一所提倡精英教育的中學，畢業於同一所人人都想紅的大學。從兒童時代起，我們就被教育要出類拔萃，一心想著走精英路線，於是被自己的期許所累，卻不知道甘蔗不能兩頭甜。

　　最誤導人的莫過於各種媒體報導中充斥的精英言論。

　　精英終於挨到出人頭地，面對媒體侃侃而談介紹經驗，說一路上所到職場各處，無不所向披靡，前面的苦楚都已經雲淡風輕。先做好學生，後做好員工，一則思路開闊，二則貴人提攜，再假以時日云云。聽著不禁心動不已，當下紛紛發誓要成為精英第二，殊不知，精英前後所事的3個東家，員工加起來超過10萬人，卻只萃取出這一個人精。其他人呢，當然還是在精英接受採訪的時候，伏於案頭默默無聞辛勤地工作，一將功成萬骨枯。

　　其實精英本人，還不是在攝影棚燈光熄滅後，迎著冬日的凜

冽小風奔回案頭，為了明天還要繼續在人前做好精英的本分，只有更加辛勤地工作。

我們開始出來做事以後，漸漸明白父母前輩常在耳邊提醒出來做事要「腳踏實地」並非是老生常談，而是根本就沒人給你能飛起來的機會，「腳踏實地」不是個態度，而是你僅有的選擇。有了願望，也沒有翅膀；有了翅膀，也沒有高度；有了高度，也沒有好風。再說就算精英本人，能飛起來的時候也很有限，更不要說剛起步的無名小卒。天時地利要靠慢慢醞釀和耐心等待，這期間要麼如小雪球慢慢滾將起來，要麼呆立原地一無所有。大多數人還是會選擇往前滾的，畢竟多少都是積累。只是，在前進中，會慢慢忘了自己的初衷，被瑣碎平凡的日子磨掉了鬥志。

我的公司開張兩年了，我終於做了自己愛做的事，但過程不全是美好與激情，甚至，大多數時候都不是。我依舊難免要和客戶周旋撕扯，鬥智鬥勇，難免努力了仍然不被理解和承認，最可怕的是，盡心盡力做下來的專案，最終卻血本無歸。但是我不再糾結了，因為我知道事情就會是這樣。不爽、糾結、追求、滿足、再不爽，循環往復，這就是生活的真相。

「我的工作最吸引人的地方，是在我說話的同時，有那麼多陌生人正在傾聽。我的每一個字，都是會發生作用的。」小曼說。

　　「哪怕我能在言語裡，間接告訴觀眾我所相信的東西，也是有效果的。」小曼還說。

　　「我要告訴聽眾，依然要相信堅強、努力、善良這些美好的東西。只要有人和我共鳴，我的節目，就有了美好的蝴蝶效應。一切都值得，我愛我的工作。」小曼如是說。

　　任何工作，無論你滿意與否，都值得汲取，都將成為你眼界的一部分。等到對其中種種你都有一套獨立見解並遊刃有餘的時候，你已經今非昔比。哪有十全十美？一份工作的利與弊永遠都是包套銷售的，熱愛某一行的含義，在於既愛它的激情和理想，也愛它的煎熬和沮喪。

　　剛出來做事，非要挑自己喜歡的幹，那就什麼也別幹了。重要的是妳上路了，然後一直往下走。

　　這就好比妳是個小雪球，雪原上有一個起點，妳拿不準自己應該朝哪裡滾。但是妳不妨先滾起來，反正到處都有雪，滾到哪兒都能讓自己變厚。妳也許繞遠了，或者後來發現方向錯了，但是妳終究強大了，最後變成個大雪球。變大了以後，再往妳想去的地方滾，總會快一些。

　　人有了見識和歷練，愛做的事便變得不一樣了。也就是說，定期糾結是很自然的，代表妳成長了。不爽、糾結、追求、滿足、再不爽，循環往復，這就是生活的真相。

　　根本就沒人給妳能飛起來的機會，「腳踏實地」不是個態度，而是妳僅有的選擇。

17
當完被告當原告

　　受了委屈找誰管用呢？那要看是多大的委屈。一般的委屈，自己忍忍就完了，再大點的，和朋友傾訴一下也管用。

　　要是再大點，甚至欺負到你作為公民的基本權益，可能只有訴諸法律才搞得定。

　　真逼到那一步，對簿公堂也沒什麼可怕的，反正不能選擇逆來順受，這世界一定得有處說理！

　　目前，北京市宣武區有常住人口55萬人，宣武區人民法院每個月受理民事訴訟案件400～500件，平均全區每1000人才能攤上1件。有機會坐在被告席上的人，都是千裡挑一，我戶口在西城區都能輪上我，真是個幸運兒啊。

　　2007年一個夏天的上午，我開車在宣武區與西城區交界一條擁擠的小路上以每小時5公里的速度由東向西緩緩行駛，路兩旁是小販與群眾自然形成的菜市場，人聲鼎沸。

　　突然間，我聽到有婦女在我車身後大聲嚎哭：「哎呦媽呀，我的腳呀！我的腳被撞了……」只見周圍買菜的人們剎時間都聚攏在我車後圍觀。我的大腦「嗡」地一下，意識到完了完了，我撞了人了！後半生都要以罪人身份面對傷者及其家屬的可怕情景在我腦子裡飛快地播了電影，我迅速開門下車，除了裡三層外三層圍觀的人，看不到誰在哭喊。

　　我一邊用力扒開人群，一邊橫下心，準備目睹一隻血肉模糊的腳。最後終於看到，一個農村氣質的中年婦女癱坐在地上，雙手抱著自己的左腳，一隻涼鞋丟在一邊。

　　我定睛一看謝天謝地，沒有血跡，沒有腫脹，怎麼說呢，就是一隻完整的腳，除了腳底很髒和灰指甲以外，我用肉眼沒看到任何異樣。

　　周圍的人顯然與我看到的情景一樣，沒有人表現出揪心和關

切，但是該婦女哭聲震天，圍觀群眾還是越堆越多，整條小路已經水洩不通。

「姑娘，妳遇上騙子了！」一個提著鳥籠的老大爺走過來低聲對我說。

我驚魂未定，一個年輕的小夥子突然橫在我面前，手指到我鼻子尖：「妳撞到我媽了！妳賠錢！」

真被大爺說中了。

圍觀群眾太礙事，我的車被結結實實地圍住，根本動不了。我又勢單力薄，對方還有個小夥子，我於是決定求助於英勇的警察，撥打了110，警察騎著摩托車幾分鐘就到了。

警察到了以後驅散了人群，婦女見到他哭得更凶了。

警察問：「撞到哪裡了？」

「嗚嗚嗚，我左腳，疼啊。」

「腳面上不是沒事嗎？」

「嗚嗚嗚，是腳後跟。」

警察有點啼笑皆非，還是做了記錄，繼續問：「她哪個車輪撞到妳的？」

婦女做齜牙咧嘴無力回答狀，抬手指了指我車的右後輪。

「她的右後輪，撞到妳左腳後跟？」警察問。

婦女點了點頭。

警察轉頭跟我說：「沒事，妳帶她上醫院去，該怎麼看怎麼看。」

婦女及其兒子有點不情願，他們早先策劃的一定是個現場交易情節，沒想到演變得這麼複雜。但是面對警察到了現場，兩人也只好跟我走了。

婦女也不容易，一隻鞋掉了，光著左腳單腿跳，從大門口跳到急診室已經喘得不行了。

掛號的時候要寫名字，她說她叫「劉碎枝」，千真萬確，就是這個「碎」字，留碎肢。

醫生捏捏她腳後跟，她大叫幾聲喊疼，醫生很負責任地說：「紅腫、淤青都沒有啊，有可能是軟組織損傷，別用左腳，過幾天就能好。」

婦女不甘心，繼續說疼。醫生說那開點藥吧，寫了個單子。

我拿過單子馬上去繳費，心想終於折騰完了，去藥房拿了一

包冰袋和一盒紅花油，連同單子和藥一併往婦女懷裡一塞，準備轉身離去。

婦女說：「我沒有鞋，我的鞋壞了！」呵，她還不甘心啊。

我看了看婦女的臉孔，她並不算老，但五官卻顯得皺巴巴的，我歎口氣，掏出100塊讓她買鞋，轉身走了。

2007年夏天很忙，我研究所即將畢業，正在趕寫碩士論文。劉碎枝打了5、6次電話給我，說她的腳一直疼，要我去看她。我沒有去。

接下來我畢業了，畢業典禮那天我爸來了，樂呵呵地在觀眾席裡坐著。

我穿戴著寬袍大袖的碩士服，心情激動，正準備上台從校長手裡接過我的文憑，口袋裡手機響了。

我一接，對方是個嚴肅的男聲：「妳是王瀟嗎？」

「我是。」

「我是宣武區人民法院，妳已經被劉碎枝起訴，請來法院領傳票。」

「啊？」我大驚失色。

這時候廣播裡唸到我們學院的名字，我趕緊跟著隊伍上了台，從校長手中接過文憑。轉過身來一看會場掌聲雷動，我爸正給我「卡嚓卡嚓」照相呢。我馬上配合地咧嘴微笑，後來我媽還洗成大照片掛起來了，但我自己怎麼看怎麼覺得表情僵硬。能不僵硬嗎？正在自詡是國家的有為青年呢，突然就成了宣武區的被告了。

從台上走下來，我爸興致勃勃，說要到校園裡繼續給我拍照。走在我爸後面，看著我爸後腦勺稀疏的頭髮，我決定這件糟心的事還是不要告訴他老人家了，與此情此景太不搭調。再說我已經28歲了，該讓我爸省省心了。

婦女劉碎枝的舉動也太讓人無法理喻了，竟然騙錢不成，還要把無辜的我告上法庭。我第一沒有違反交通規則，第二按警察安排掏錢看病仁至義盡，她要能贏了這官司，這社會還有道理嗎？

終於等到開庭，我把自己打理得乾乾淨淨，精神抖擻地去了。

一踏進法庭的門，空氣都不一樣了，透著肅穆和緊張。婦女劉碎枝已經坐在原告席上，幽怨憤恨地看著我。

原告被告及書記官都坐好後，審判長才穿著大黑袍出來，服裝和我碩士畢業那天的有點像。

　　書記官宣讀完法庭秩序，審判長宣佈開庭，首先請我過目婦女劉碎枝的起訴書。3頁信紙，藍色圓珠筆手寫的。不知道是誰執筆，因為字體非常醜陋，看得我十分揪心。

　　我粗粗略過，專挑關鍵字眼，諸如「我的左腳鑽心地疼起來，幾乎昏死過去」；「無數個夜晚，我都在噩夢中看見一輛白色車子向我駛來」；「她對我的傷病不聞不問，冷酷無情」⋯⋯

　　我被那文字深深地吸引了，真是奇文共賞。

　　起訴書最後，婦女劉碎枝不忘提及最關鍵的部分：「應該賠我耽誤工作和精神損失共計5萬元。」

　　共計5萬元！我驚了！

　　書記官說現在由被告人，也就是我來答辯。我清清嗓子，字正腔圓地開始敘述當天的事件全過程，儘量做到有理有據。我心想就讓你們看看，誰是有素質的人，誰擺明著是來耍無賴的。

　　說完了我看看審判長，他面無表情，書記官倒是多看了我幾眼。

　　接下來由原告劉碎枝出示證據。

　　她突然嘩啦啦地掏了一堆醫院診斷書出來，號稱是幾月幾日又去哪裡看了腳，共計多少多少錢。

　　然後輪到我舉證，我出示了當天的警察處理單。

　　審判長問道：「劉碎枝，妳要求賠償妳1個月的薪水，4萬元。依據是什麼？」

　　劉碎枝答：「我1個月不能工作，這1個月的錢就得她給我，她撞到我的！」

　　審判長問：「妳是做什麼工作的？1個月收入4萬？」

　　劉碎枝：「我自己做生意的。」

　　審判長問：「什麼生意？」

　　劉碎枝：「我賣涼粉。」

　　此言一出，法庭安靜了。我想，賣涼粉1個月賺4萬哪！早知道我也賣涼粉了！

　　書記官使勁低著頭，肩頭好像微微抖動，審判長的表情有點怪，像在沉吟，又像在琢磨一個冷笑話。

　　審判長繼續問：「妳在哪裡註冊登記的？有營業執照嗎？有納稅證明？」

　　經過審判長連珠炮一問，劉碎枝明顯傻了，支支吾吾說不出話。

審判長倒沒問精神損失費的事，我覺得明明是我在精神上蒙受了很大損失，好端端地生活，開著車，莫名其妙就響起號哭聲，莫名其妙就坐到宣武區法院被告席上來。

我越想越委屈，審判長開始民事調解的時候，我拒絕調解！我受教育這麼多年了，第一回要拿起法律的武器，我還怕了騙子婦女劉碎枝不成？

劉碎枝被質問稅務登記以後就元氣大傷，鬥志全無，竟然說不告了，就這樣吧。我第一次上法庭大獲全勝，以審判長宣佈原告當庭撤訴告終。

直到現在，我但凡開車在人流密集的道路都會心生恐懼，後照鏡裡死盯著有沒有人緊挨著我的車。一朝撞人腳，朝朝怕撞腳。

相安無事過到今年，也就是2009年，又一個夏天。

這一次，我的權利被令人髮指地侵犯了。我公司裡的設計師無意間發現了一個網站，除了LOGO、電話及辦公室地址以外，整個網站的架構、設計作品、照片、文案都與我們的網站一模一樣，竟然還敢大言不慚地寫著「未經授權，禁止抄襲，違者必究」！甚至連我們同事的照片，都被原封不動地陳列了。人，不能無恥到這種地步！

　　新的維護權利之戰打響了，我鬥志昂揚，請律師，網站公證，一個步驟都不能少。看來，事情都要一分為二地看，撞腳事件的好處也不是沒有的。那以後，我的法律意識和自我保護意識迅速增強，一旦懷疑權利受到侵害的時候，馬上想到取證舉證，對簿公堂。你說過的每一句話，寫下的每一個字，都將成為呈堂證供。

　　　別人的任何選擇和決定都有他自己的道理，儘量理解和不干涉。但如果傷害到你的心靈和財產，一定要干涉。

　　　你說過的每一句話，寫下的每一個字，都將成為呈堂證供。

18
一入江湖歲月催

　　做世上萬事，動機無外乎三種：一、為名；二、為利；三、爺樂意。

　　出名暫時指望不上，利益和樂意就成了我衡量一件事值不值得做的準繩。

　　要是給我非常多的錢，委屈點我也認了；要是讓我特別高興，錢少點也沒事；就討厭那種又沒錢又讓人不舒坦的人與事，耽誤工夫，虛擲光陰！

2008年12月31日，我獨自開車去一個小城市見了一批不可靠的客戶，累個半死，毫無斬獲。回到北京城又趕上大堵車，路旁準備過新年的人們喜氣洋洋，而我只能聽著電台歌曲慢慢往前蹭，夕陽如血，我如倦鳥歸巢。

生意終於談砸了，說起來都是商家常事，但仍然讓人沮喪不已。之前功課並沒有少做、也加班工作，也來去幾個回合，對方大老闆也口口聲聲說對提案很滿意，然而最終卻壞在價格談判上。

首先這個案子有它的特殊性。內容是為甲方所屬的五星級酒店設計製作新年與春節的全部裝飾。但也許是甲方對工期瞭解不夠，案子明顯開始得太晚了，馬不停蹄，也才僅夠在7日內完工，以接待1月8日蒞臨到此的一批據說相當重要的高官。也就是說，最晚12月31日，這個合約是非簽不可的。

當日那番談判成為我創業生涯裡的重要一課。

12月30日傍晚，甲方通知我次日去簽合約。12月31日，我清晨即到辦公室整理合約蓋章，準備好設計師工作，驅車1個多小時抵達，10點到達甲方會議室。

甲方出來3個穿黑西服的男人，並沒有人與我微笑寒暄，也沒有人拿出合約相關檔案。落座後，3人中那個瘦骨嶙峋的人坐在我正對面，其餘兩人會議開始就在不停吸煙，也不曾問我是否

介意，房間內始終煙霧繚繞，讓人心生煩躁。

從案子招標開始，直到我方披荊斬棘最後勝出，甲方一直只有那個瘦人在聯繫。今天對方竟然冒出3個人要和我簽合約，我覺得形勢詭異。

瘦人把面前的標案翻來翻去好幾遍以後，終於開口了：「妳的最終報價是多少？」

我一怔，驟然明白，原來今天是叫我過來砍價的。

做到這一步了又要砍價，實在匪夷所思。我方明明在第一封標書裡已經白紙黑字清楚寫明，難道得標不是產品與報價一起得標嗎？況且瘦人代表甲方一直表示對報價沒什麼意見，只需對設計圖加以修改，於是就工程細節與我方設計師往復數個回合。其中大老闆亦現身一次，滿面笑容說對設計相當滿意，並期待1月8日完工的成果，當時瘦人在身後唯唯諾諾，直說老闆您放心一定辦好。

直到此日前，雙方均積極地齊步前進：甲方一一確認了工程細節，我方的設計師和工人已在機器前待命，只等合約一簽，馬上啟動。進行到這個節骨眼上，雙方心裡應該是有默契的吧——絕無時間再去考慮換掉乙方，我們是甲方僅有的唯一的選擇。

「我們的報價已在投標書中注明。」我回答，面無表情。

瘦人向前探一探身子：「這只是你們第一輪報價而已嘛，都有得談的嘛，對不對？」

我注視著瘦人，覺得十分不可思議，原來工工整整的標書和E-mail裡的得標通知都不算數，在他們心目中，這一切如同在自由市場買廉價衣服。

我倒想問問他是怎麼想的：「得標價格就是甲乙雙方的確認價。否則招標有什麼意義？」

明明是他們違反了商務邏輯，瘦人卻振振有詞：「招標才能比較出你們的設計好嘛。至於報價，誰還不知道你們的設計師在電腦上弄出幾個圖就漫天要價。」說完他似笑非笑地看著我，似乎在觀察我有沒有心虛。

我歷來最恨這類輕賤設計師的言論，胸中立馬憋了一口惡氣。我自知這是商業場合，還是隱忍為上，不好發作。

哪知他自以為占了上風，接著提出了一個驚人的要求：「所以我的建議是，製作費用嘛，我們按報價付給你們。我看，設計費用就可以抹掉了吧？」

他竟然打算拒付設計費！我的火氣一下子升起來：「設計是腦力勞動，先不說設計產品可以歸入無形資產，具有智慧財產

權，就算每小時按勞計籌，這兩個星期來和以後一個星期我們花費的時間人力，難道不是成本嗎？您也每天坐在電腦前面，不管有沒有做事，老闆說不發您工資，您願意嗎？」

他聽了一愣，應該沒想到我會立時反擊。是的，為了把案子促成，半個月來我都畢恭畢敬地與他們溝通，但不代表我是軟柿子！

他明顯感覺到我並不如預期的好對付，突然沉默起來。接下來大概有10分鐘，他一句話沒說，我也沒吭聲，會議室裡一片死寂。

隔了很久，旁邊一個不停抽煙的人發話了：「我們是本地最大的五星級酒店，之前也合作過很多設計公司，我們都比較過了，無論你們的設計費用還是製作費用，都貴很多！」

「把這個小城市和首都北京放一起比價，好像不在一個起跑線上吧。北京的吃穿用度，交通房租，原料成本和人力成本的情況，您瞭解嗎？您去首都北京旅遊過嗎？」

這個人對我的反問置若罔聞，卻突然換了一種語重心長的談話方式：「我們也是替老闆打工呀，每個專案都有預算限制，比起以往同類項目，突然增高了這麼多，我們不好做呀。」

我覺得太荒唐了：「據我所知，你們是透過北京的一家五星

級酒店找到我們的，你們說過想要和他們一樣的頂級設計和品質。我建議你們去詢問一下北京那家酒店在這個專案上的預算。您看上別人身上一件名牌衣服，找到那家店，說我也喜歡這衣服，但是這衣服標價5000塊我只能給2000，您看看人家賣不賣給您？」

我心裡還有話沒說呢，我真想說，沒錢就別買貴衣服啊，踏踏實實買個便宜的就好。最可恨的是沒錢一開始又騙我說有，到頭來又說買不起，跟我哭窮有用嗎？要有用我天天哭窮。

這個人又點了一根煙，悶頭抽起來，不再言語。場面又陷入一片僵局。

我看一看錶，已經12點了，我開始感到肚子餓，一上午已經過去，一點進展也沒有。接下來該怎麼吧？是吃了飯接著談？還是在這兒繼續耗著？

沉默多時的瘦人突然起身，叫他兩個弟兄：「你們兩個出來一下。」

呵，3個人竟然去外面商量對策了，我突然覺得一陣荒誕。3個大男人在2008年的最後一天，這樣一個辭舊迎新的日子裡，先公然違背商業原則，然後不吃不喝，關在會議室裡合力對付我一個163公分、46公斤的瘦弱女性，只為他們的五星級酒店省幾萬塊錢，這是為什麼呢？我很費解。

幾分鐘後，3個人回來了，瘦人一開口，我就知道他們已決意轉變了戰術，知道我硬的不吃，打擊無效，就上軟的。

瘦人貌似誠懇地說：「妳看你們也忙了兩個星期了，何必最後僵在這點錢上呢？咱們都知道案子得趕快開工，妳是不是覺得非你們做不可，所以死咬價格不放？我看真沒有這個必要，以後合作的機會多著呢！」

哼，小人之心！

我坦然答道：「第一，實話告訴您，您非要抹掉的這點錢，就是我們的利潤！我們怎麼可能讓您抹掉，白忙一場？我這是商業合作，我們是設計師，也是商人，唯利是圖！第二，報價已經是太合理的報價。您想想看，1月1日到3日連續假期，按法律規定，我們得給付設計師和工人3倍工資，而我們只收取了您不到兩倍的人力費用，已經是非常大的優惠。第三，眼下我就跟您談這個案子，不談以後。您說以後給我們10個案子做，也是空頭支票。以後真的有，以後再說也不遲。」

我心說，哪還有以後，以後我還敢跟你們合作嗎？

3人再次陷入沉默，瘦人皺眉低頭，剩下兩人抽煙。我以為他們在咀嚼和反思我的回答，於是拿出手冊開始寫起新年計畫。然而時間一分一分地過去了，3人仍然不動，無聲無息，我一看錶，下午1點了！

我明白了，對方這是開始在使用拖延戰術！3個大男人準備把我熬到饑寒交加，繳械簽字嗎？他們真傻，虧得他們還知道這案子得趕快開工，虧得他們還知道做這個案子捨我其誰！我好歹是個女的，受過高等教育，千里迢迢來到這裡，不過想做一個雙贏的生意。他們先貶低我們的設計，又質疑我的經營良心，輪番轟炸無效，現在竟然不給飯吃，3個大男人就這樣準備1小時1小時熬著我到投降，真以為是看守所逼供不成？

想到這兒，我冷笑一下，他們既然鐵了心不讓我掙錢，我還耗什麼勁啊！他們失算了，千算萬算，他們沒料到我會忍心讓兩個星期的努力付諸東流，放手不幹。

我闔上手冊，站起身，拎上我的名牌包包，平靜地對瘦人說：「那就這樣吧，這個案子我不做了。」

來不及看清3個人驚愕的表情，我噔噔噔走出會議室。

我走到停車場坐進車裡，3個人才慌慌張張追出來，我猜他們方才一定以為我在演戲，上演批發市場裡和攤主砍價不成轉身就走的戲碼。於是他們扒住我的車窗說：「王小姐，妳看妳這是幹什麼呀，妳不要激動，談生意不要鬧情緒啊！都好談。」

我說：「耗時4個小時，雙方沒有達成共識，生意談砸了。」

另一個說：「王小姐，妳看你們也忙了兩個星期面設計都快

做完了，半路不做了前面不都白幹了嗎！」

我說：「沒關係，我接受這些血本無歸。」

數瘦人表情最緊張，他一定是謹記著老闆1月8日要看成果的交代，瘦人看我已經發動了車子，連忙說：「王小姐，不談了不談了！就照妳標書裡的報價！妳趕快回去和我們簽合約吧！」

我看了他一眼，他們的五星級酒店，這個新春不再有美麗的裝飾了，真可憐，但是我說：「我做生意，一要賺錢，二要開心。現在彼此弄得這麼不愉快，這個案子做也做不好了！我呢也只想好好過個新年，就這樣！」

其實，我更怕的是，以他們這樣的流氓態度，我真做了以後，連尾款都收不回來。

瘦人急了，眼睛裡要冒出火來，啪啪地拍打車窗：「王小姐，算我求妳了好不好？就幫我這個忙。」

「不好，我與你非親非故，大家還是自己幫自己的忙吧。」我目光堅毅，抓住方向盤準備伺機開走，根本不看他。

見3人還在執拗地攔在車前不讓我走，我撥通待命設計師的電話：「案子不做了！通知所有人現在收工，回家過節！」

3個人終於一下子委靡了，讓開了路。

我踩下油門絕塵而去，像許多電影裡一樣瀟灑無情。

我看著後視鏡裡3個漸漸遠去的小黑點，呼出一口長氣，心中覺得無比解脫。

其實這件事情從一開始就錯了——他們即使邀請了我們參與投標，不代表他們就是我的目標客戶。他們與我們有著不一樣的價值觀，缺乏對設計創意的認同，以及對商業模式的尊重。怨不得別人，自己選錯了客戶，客戶令妳不開心是很正常的事情，妳會委屈，也會不服，而且生意還談砸了。

2008年12月31日傍晚，我餓得頭昏眼花，終於回到了北京溫暖的家中。吃著熱麵條的時候我想，時間過得真快，幾個小時後就是嶄新的2009年了！一入江湖歲月催，163公分、46公斤重的我，來年又要投身到腥風血雨的商場裡面去。

2008年的最後一天，我得到了兩個教訓：第一，要慎重選擇客戶；第二，談判前要吃飽飯。

睡前，我想起那3個大男人，不知道他們1月8日如何向老闆交差。但我不欠他們的，不是每一場談判都能握手言歡，這就是生意。出來混，對我對他們，這都是很好的一課，以後談成的生意智慧越來越多。最重要的是武裝好腦子，磨煉出意志，沒有武藝傍身，就不要出來行走江湖。

　　無論是打工還是創業，其一言以蔽之：大家都是出來賣的。既然是出來賣的，一要賣相好，二要敬業，三不要嫌買貨人。所以，第一要保持美麗，第二要多做事少抱怨，第三看在錢的份上要適當妥協。

　　這是商業合作，我們是設計師，也是商人，唯利是圖！我與你非親非故，大家還是自己幫自己的忙吧。

　　我做生意，一要賺錢，二要開心。不是每一場談判都能握手言歡，這就是生意。

　　自己選錯了客戶，客戶令你不開心是很正常的事情，你會委屈，也會不服，而且生意還談砸了。

　　沒有武藝傍身，就不要出來行走江湖。

19
誰的肉身沒有缺點？

　　現代高超的攝影、修圖及整容技術有個弊端，就是催生出了一批廣告裡美輪美奐的人，讓不明真相的群眾對比下相形見絀，自卑感油然而生。

　　多看明星化妝前後對比照，無情解開夢工廠的面紗，不失為取得心理平衡的好辦法。

　　人和人在觀瞻上生而不平等，沒處說理，但總有改良餘地嘛。常言道：三分天註定，七分靠打拼。

當我和小曼生長發育差不多完成的時候，購物模式也初步形成了。逛街的時候，我看高跟鞋，她看平底鞋；我買祛痘膏，她買增白霜；我買提臀絲襪，她買襯墊胸罩，真正是缺什麼補什麼。

我和小曼在外表上絕對算各有千秋的，概括說就是，我沒有的她有，她沒有的我有，而且分佈得相當平衡，從我們倆身上看來，上帝似乎是公平的。比如說，上帝給了我比較白的皮膚，但臉上皮膚毛病多。小曼膚色黑點吧，但膚質很好；又比如，上帝給了我濃眉毛，但我頭髮特少，上帝給了小曼密實的秀髮，卻基本沒給她眉毛；再比如，上帝給了我經得起考驗的上半身，但是給我一個平坦的屁股，小曼雖然上半身薄弱點，但屁股堪比拉丁美人兒；還比如，上帝給我一個不愛長肉的小腰，可我但凡有點肉就長在大胳膊上，一招手還顫抖，有如路口揮別孫子的街道大媽；小曼一發胖就只胖中段，藏在衣服底下，反而兩小胳膊一直像中學生一樣結實。

所以多少年來，我們倆根本顧不上羨慕對方的長處，都在悶頭緊鑼密鼓地惡補自己的缺點。當長跑運動員被人落下太遠的時候，就沒心氣去追了，就是這個道理。

這種昂揚的鬥志保持到我們倆前後腳進了北京廣播學院（現在叫中國傳媒大學），才發現天地廣闊，人外有人。全國各地的女孩環肥燕瘦，濟濟一堂，個個都對自己的外貌嚴陣以待，每天

早晚跑步、跳繩、劈腿、敷面膜，無所不用其極。

　　那個時候我們最關心的莫過於上鏡效果，彼時都還是年輕女孩，面龐圓潤。但是圓潤在鏡頭前那就是缺點，非得兩個腮幫子都用深褐色搽上重重的陰影，在削骨術還沒流行之前，那是最好用的障眼法。弄得我現在翻出過去的女同學課間合照，都嚇一跳，連我在內，個個都抹了兩塊鍋底灰，卻向鏡頭嫵媚地笑著，憧憬著光輝的電視事業。小曼就從來不用塗鍋底灰，她一上鏡，就是標準的鵝蛋臉，可憐的我對自己的腮幫子糾結了4、5年。

　　上帝從來就不是公平的，天資這件事，往往最令人困惑與無奈。你那麼辛苦維持和爭取的，別人卻似乎不費吹灰之力。有的人吃多吃少，鍛不鍛鍊，身材都凹凸有致，有的人天天清水洗臉，頓頓辣椒下飯，照樣膚若凝脂。這還不是單單指外貌，要說到音樂和體育，那就更沒有辦法攀比。一攀比，唯有讓人越發感到深深的絕望。

　　看看電影裡的女主角，再看看鏡子裡的自己，感到瞬間絕望是很正常的一件事。絕望之後，就可以置之死地而後生了。

　　契訶夫小說裡寫過一句話，他說：「不管大狗小狗，就按上帝給的嗓子叫吧！」還有一句據說是艾森豪母親的名言：「既然你決定不了抓到什麼牌，你能做的只有用你手裡的牌打下去，並努力打好。」這個態度就特別正向，翻譯成美容理念就是：「不

管生成粗腿細腿，妳能做的就是努力鍛鍊讓它變細，或者是學會穿衣服讓它至少看上去細。」再概括點就是：「缺點已經在那裡了，妳能做的就是儘量改善它，讓它不明顯。」

我稍有體悟之後，就努力按這個態度生活下去，直到我遇到塔塔。

我讀書時和塔塔相識在北京近郊的滑雪場，第一次見到她，她穿著厚重的滑雪服，戴鮮豔的大雪鏡，半張臉都被遮住，只露出紅撲撲的小臉蛋，單板利刃一閃，整個人傾瀉而下，那個流暢輕盈啊，讓人耳目一新。由於沒看見脖子以下的身形，我以為她還是個少女。

這就是塔塔的缺點所在。她長了一張少女的臉，和一副⋯⋯呃，怎麼說呢，熟女的身材。

塔塔對自己的缺點通常不以為然，心血來潮的時候會偶爾想要減肥，之後一高興又統統忘卻。一開始我以為那是雙子座的特性，不像我們天蠍座這樣對目標隱忍和堅持。後來我才瞭解到，她有獨門秘笈。

「滅絕組」成立之後，塔塔帶來了一股時尚界的風尚。作為時尚類雜誌寫手，塔塔經常需要與攝影師和化妝師組團工作，甚至親自作為模特兒參加雜誌拍攝，耳濡目染，掌握到了許多第一手的新鮮八卦和美容知識。

八卦在此就不表了，很多驚人的小道消息均可散見於各類網站和雜誌。以下是塔塔傳授給滅絕組的寶貴知識：

第一，每一個凡人的肉身都有缺點。

第二，鑒於大家已經生活在網路和媒體時代，很多時候人們看到的你的樣子，是你在媒介中表現出來的，而非你本身（「滅絕組」週邊成員，英文特別好的米秀將此概括為「You are how you look.」），這就是為什麼明星看上去都很美，因為他們只把美的一面拿出來給你看了，營造出一種她們隨時隨地都很美的假像，你也可以。

第三，敢於和善於利用以下的工具，這些工具有助於有效的掩飾你的缺點。

化妝有三寶：BB霜、眼線、遮瑕膏。

照相有三寶：低頭，半側，手叉腰。

PS有三寶：修補、液化、調色調。

第四，實在不行，現在整容技術已經更上一層樓了。

塔塔的所有總結裡，最讓人欣慰的就是大家的肉身都有缺點這一條！這可不是空穴來風，是各大明星化妝師親口透露出來的，他們不但能夠對明星的缺點如數家珍，還能說出為他們量身

定做的彌補方法，讓他們仍然看起來美輪美奐，驚為天人。

　　有完美榜樣是好的，能讓我們矢志不渝地去為追求完美而努力；知道榜樣其實不完美也是好的，避免我們成為偏執狂，或者因為目標難以企及而自暴自棄。

　　塔塔就是在這些觀點和工具的幫助下，讓她的少女臉蛋和熟女身材和諧相處。經過以上九寶的雕琢和修飾，塔塔出現在時尚雜誌上的照片，都形容姣好，毫無缺點。好在我們「滅絕組」成員都還沒到「實在不行」的階段，真等到眼袋下垂那一天，最少最少，還有整容技術在前面等著，此時有九寶已經高枕無憂。

　　有了塔塔的鼓勵，至少報攤上的各種豔光四射的照片對我和小曼已經構不成任何刺激。姊妹們好歹相貌堂堂，外加七頭身。需要姊妹們的時候，打個響指，九寶齊上，不懼任何雜誌。從此，我們在心目中供了九寶為神。

　　距離塔塔教育我和小曼之後過了一段時間，有一天我接到塔塔的電話：「我們公司來了一個新人，長得很美。」

　　「有多美啊？」塔塔見過明星多了，她都說是美人，肯定錯不了啊。

　　「小臉，身材好，大長腿，穿什麼都好看。」

　　「頭髮好嗎？」這是我心病，非得確認頭髮也好才甘心。

「好啊！長頭髮，有點大波浪的。」

「她做什麼的呀？」塔塔那可是專門伏案寫字的公司，有這麼美的女孩不會被糟蹋了嘛！

「她是我們這裡負責客戶的。」

「那還行。」

「而且她性格很好，愛說話，我們都喜歡她！」塔塔聊出興頭來了。

「這麼說這女孩沒一點毛病啊？」我就不信了，塔塔自己說過什麼來著，每個人的肉身都有缺點！

「我再觀察看看！我跟大紅去玩了，那美人就叫大紅！」塔塔啪地把電話掛了，留我空惆悵，這大紅，美成什麼樣啊？

再下面兩個星期，塔塔和大紅混熟了，並且認定大紅完全有資格加入「滅絕組」，是不可多得的新鮮血液。因為，一來大紅漂亮，有助於提高「滅絕組」整體水準；二來大紅說話心直口快，自然不做作，這點非常難得，和我們非常合拍。我和小曼也欣然同意，隊伍眼看就壯大了。

又過了一個星期，塔塔打來了一個神秘電話：「妳猜怎麼樣？」

「怎麼樣？」沒頭沒尾的，上來就賣個關子，我哪裡知道啊？

「我天天當面誇大紅，漂亮，沒毛病，妳猜怎麼樣？」

「大紅是整容的？」我覺得我猜對了。

「大紅沒整容！天生麗質！」

「大紅被富商包了，不在你們那屆就了。」我開始發揮無窮的想像力。

「大紅就不是那種人！」這次我又猜錯了，但我很欣慰。

「妳說吧，我不猜了。」

塔塔明顯倒抽了口氣，才繼續說：「大紅今天上午突然表情平靜地問我：『妳記得妳小時候胸部沒發育的樣子嗎？』我說：『記得呀。怎麼了？』大紅說：『我就那樣。』」

我怔住，停了半天，問塔塔：「真的啊？後來呢？」

「後來，她到洗手間給我看了一下，就那樣。」

後來，可愛的、直率的、美麗的大紅加入到了我們「滅絕組」。

我們都有缺點，但瑕不掩瑜。

　　作為女性，妳的外表和妳的性格共同決定妳的命運，這是殘酷的現實。

　　無論哪朝哪代、東方或西方，端莊路線是永遠不會錯的，裝也要裝得像。

　　學好化妝術，把自己收拾好再出門。妳自己會開心，別人對妳會多點耐心，百利而無一害。

　　缺點已經在那兒了，妳能做的是儘量改善它，讓它不明顯。

　　有完美榜樣是好的，能讓我們矢志不渝地去為追求完美而努力；知道榜樣其實不完美也是好的，避免我們成為偏執狂，或者因為目標難以企及而自暴自棄。

20
意志的勝利

減肥成功總是少見,減肥失敗才比較正常。

本來感性和理性、動物性和神性,一直是人性的矛盾,而且數千年來大多都是前者取得了勝利,減肥只是其中一個小小戰役而已。

減肥確實像兩個自己在打仗,一個真想吃,一個真想瘦,而只有讓「真想瘦」控制了局面,才能取得最終勝利。

每個月，我都會聽到數個女友宣佈她們的新一輪減肥計畫。常立志總強過不立志，我一律加以鼓勵。

計畫宣佈完之後，按規律前兩個星期女友會紛紛興奮地彙報戰果，我繼續給予表揚和肯定。

如果能夠嚴格按計劃減肥1個月，應該已經效果顯著。但往往就是1個月後，交流進度的女友人數會驟減，直至偃旗息鼓。再見面，並沒有我期待中的輪廓清晰和煥然一新，聚餐也同原來吃得一樣飽。這些跡象表明減肥計畫正式宣告失敗。

中間偶有堅持超過3個月以上的成功者，比如小曼。當然，小曼本來基礎就不錯，但她期間也出現過嚴重反彈，這半年又恢復成功，保住了戰果。

每逢經歷換季、拍照或者是愛情挫折，大家的新一輪減肥計畫會東山再起，捲土重來，我則再次加油鼓勵。春去秋來，減肥計畫循環往復，女孩們則樂此不疲。

減肥和美容，是這個時代女人一生都必須打的持久戰，從來都不是一朝一夕的事。從腮幫子到腳後跟，每一個山頭都要堅守，都要講究防禦、堅持和反攻。雖然一個時期有一個時期的針對戰術，但戰略上必須長遠而統一，而且絕對不可以藐視敵人。

出來混，模樣太重要了，因為每個人都在或多或少地以貌取

人。人生一盤棋，人家一個俊俏的棋子精神抖擻地站那裡，妳這廂一個胖子慢吞吞油乎乎地挪出來，還沒張嘴就已經輸了。

　　這個年頭一旦生為女性就沒有別的選擇，保持美麗已成為天賦責任。但凡幾個女人聚集在一起，如果還沒有生育，話題必然涉及如何變美再變美。無論素質修養如何經得起考驗，寒暄過哲學與文化，熟稔了以後話題還是會落到美容上來，絮絮叨叨，千古不變。

　　就我們秀外慧中的「滅絕組」而言，聊完社會現象與兩性關係，談話重心還是要圍繞減肥與美容展開，這真的由不得我們，我猜女原始人打從新石器時代起，就在山洞裡互相較勁了。看見別人的獸皮鮮豔，趕快也跟著悶頭縫製一塊，然後圍在臀部扭著去誘惑本部落的男原始人，從而分到更多的獵物和果實。她們是物競天擇，為了生存，當代的女性歸根結底，好像也是為了生存得更好吧。

　　傳說有吃不胖的人，我周圍好像也有一兩個這樣的女孩，遺傳所致，天賦異稟。憑著有限的高中物理知識，我試過科學地看待這個問題：熱量攝入超過消耗，一定會轉化成某種形式貯存下來。那些吃不胖還不運動的人，就意味著在熱量一直大於消耗的情況下，體重保持原地不動，這絕對是匪夷所思的。然而有些人就是違反常識地這麼存在著。很多人看到我的表相，似乎體重和身材十年如一日，便把我歸類於這種人，但我知道我絕對不是。

17歲的時候，我一度達到了有生以來體重的巔峰——57公斤！只記得自己初期總是很容易餓，餓了就四下去找東西吃。中學課間我動輒去買兩個餡餅，有時候上課了還沒停止咀嚼，趁老師轉身寫板書方才慌忙下嚥。現在想來我應該是在一年中胖了10公斤，而自己竟渾然不覺。

57公斤對於一個身高163公分的青春少女來說，一定是不可多得的魁梧。那個時期的同學對身體的概念可能還比較遲鈍，沒有人對我的變化表示過詫異。第一個提意見的是我爸。

一個普通的傍晚，我家3口人照例圍坐吃晚飯，我吃了一碗，又吃了一碗，當我還要添飯的時候，我爸突然把他的飯碗「碰」的一聲放在桌上，對我說：「妳別吃了！」

我嚇了一跳，不敢再添飯，十分困惑地看著我爸。

「妳知道妳自己胖成什麼樣了嗎？」我爸厲聲問我。

我沒敢說話，我知道自己好像是胖了點。

「妳那個腰，那個腿，妳自己照照鏡子。」我爸終於把我的胖具體化了。

我覺得自己沒有吃飽，還想再吃，但又不敢。想我的親爸連飯都不讓我吃飽，越發覺得委屈，想著想著流下眼淚來。

「妳還哭？」我爸看到我哭好像更生氣了。

「胖，也有錯嗎？」我抽泣著問我爸。我也開始生氣，覺得自己家還不讓我吃飯了，簡直太委屈了。

「胖當然有錯！」我爸直視著我的眼睛，語氣非常嚴肅。

我媽也正在注視著我，我看著我媽消瘦的小臉，突然意識到這一次，她可能和我不是一個戰線的。於是又只好淚眼婆娑地看著我爸，看他要怎麼說。

「胖是懶惰和饞的表現，是自我控制力差的表現！如果妳連用自己的手拿起勺子，挖起多少飯，再送進自己的嘴都控制不住，還能做成什麼事？」

我剎那間醍醐灌頂。

我驚呆了，平生第一次知道自我控制和胖是存在邏輯關係的。同時，我覺得我爸講的道理非常的對！我爸這是在告訴我「一屋不掃，何以掃天下？」如果我胖，那就等於是在告訴每一個看到我的人，我長期地、每一天、每一頓都在貪吃，都無法控制我的進食量。如果我胖，不但是我肉身的不美，更是我意志的失敗。怎麼可以讓自己的意志失敗呢？太可怕了！

那一年我17歲，決意減肥，永不做胖子。

第二天開始，我不再吃課間餡餅，中午在食堂吃番茄炒蛋和一碗白飯，晚上請媽媽做白菜豆腐湯。一開始我非常餓，但我太想瘦了，太想控制自己了，我對美好身材的渴望遠遠大過了對食物的渴望，這個勝利將是意志的勝利。

3個月後，我的體重降到了47.5公斤，和我爸我媽成為幸福的身材勻稱的三口之家。

如果說有蝴蝶效應，那應該是從我爸「碰」的一聲放下碗開始的。因為很難說，如果我沒有瘦下來，也許就考不上廣播學院；如果沒有上廣播學院，就沒有後來一系列人生際遇與選擇，那麼我也不會寫下這些字，在這裡講過往有笑有淚的故事、跌倒爬起的心得了。

所以說，眼界決定世界，減肥改變命運。

從17歲到現在，將近14年彈指一揮。

14年裡，我的意志大獲全勝，我爸再也沒指責過我的身材。但在後來長大成人的歲月裡，我不但自發地拓展了我爸的「意志減肥說」，還發現了更震撼的人生容貌計畫理論。

從現在起向上追溯7年，2002年7月，我受一本書的影響，在電腦裡首次建立了一個叫做「人生計畫」的Word檔。那本書的名字叫做《一生的計畫》，書的內容對於當時初涉職場懵懂而

飽含憧憬的我格外及時有效。

　　那時地鐵裡還有書攤，我在國貿站的書攤上買下該書，書很小巧，精裝，酒紅色封皮，那種紅色因為既富貴又雋永常常被用於地產設計。

　　其實，書的內容後來被廣泛寫進各類勵志書。總結起來就是：剖析自己，觀察世界，然後把自己想過的人生設定階段性目標，並把目標量化，按照健康、教育、財務、家庭、娛樂等方面做好詳盡的表單式計畫，時時關照更新，最重要的是，矢志不渝地實現它。

　　最近紅得得翻天覆地的《秘密》，無論書與電影，其實還是這個原理的解析與描述。我2007年第一次看到《秘密》的影片，就把它認了出來，為這個原理的發揚光大感到高興。尤其是裡面提到的「願望簡報板」，其實和我的「人生計畫表」如出一轍。

　　我的「人生計畫」長達10年，截至今天已經完成了7年，期間當然是更新了無數次。理論上我應該到2012年再進行分析與比對，但是，7年，這個數字是不一樣的。

　　中學的一個暑假，我在看了一部美國電影。名字已經忘記了，情節是女主角外貌寒磣、出身低微，之後徹底改頭換面，用漫長的陰謀贏得夢想的一切，最後被戳穿打回原形的故事。那女

主角長得美輪美奐，她的陰謀被發現後有一段獨白，她大概是這麼說的：「從醫學上說，每7年，人的全身骨骼、細胞和血液都會重新自我更新完成一次。如果妳想從外貌到氣質，全部脫胎換骨，要以7年為週期來塑造自己，7年之後，妳就可以再世為人！」

這段話令當時腮幫子上掛著大把嬰兒肥的我驚愕不已，永生難忘。那年夏天的晚上，我在小日記本裡畫了一個女性的形象，那是我想像中的自己7年後的樣子，有柔軟蓬鬆的頭髮，小蠻腰，眼神堅毅，笑容甜美，穿著端莊合體的衣裙，內外兼修的樣子。可以斷定，我那不可救藥的自戀在少女時期就奠定了。

除此之外，最近有一本流行的中醫養生書籍《不生病的智慧》，裡面也提到，女性的身體週期是7年。女性會在7歲、14歲、21歲、28歲等的逢7年齡會發生生理的巨大變化，這變化與前7年的修養狀況息息相關。男性的週期稍微滯後，大概是8年。

可見，7年，是一個中西合璧的觀點。也能夠解釋為什麼婚姻生活有7年之癢，其實是雙方各自由內到外已經完全換了一個人。按照唯物主義的觀點，存在決定意識，那麼7年之癢，絕對是科學的有據可循的規律，經過7年的兩人互相能認得對方，已經是奇蹟。

這也可以解釋為什麼多年不見的人，有的容光煥發，讓你好

奇她這些年過了怎麼樣的好時光；有的則從上到下嚴重變形，五官比例都已不在，像被施了壞魔法一樣。尤其在被施了壞魔法以後與初戀情人重逢，產生了很多辛酸的劇情。如果恰巧初戀情人也是臃腫不堪，挺著肚腩，那是因為初戀情人也不知道，7年，意志本來可以勝利的。

從我17歲立志做瘦子，到訂立全盤人生計畫，大約是7年；從訂立了人生計畫到今天當下，又是7年，嬰兒肥終於已經褪了。眼神依然堅毅，蠻腰依然健在。為自己的外貌和體重寫計畫並實現它，只是人生計畫裡的一小部分，有道是「相由心生」，各個方面自然會應該相輔相成。

合理的自戀是個不可多得的積極態度，改良自己的身體，修理自己的心靈，自己是自己最有趣的遊戲，自己是自己最驕傲的作品。本來，這個世界上我們真正能控制和改變的，只有自己而已。

至於減肥瘦身的各種技巧和食譜，請參見各大網站的女性專欄，如果妳真想去羅馬，無論妳選擇水路還是陸路，最後總能到達，前提是，妳真的想去。

出來混，模樣太重要了，因為每個人都在或所或少地以貌取人。人生一盤棋，人家一個俊俏的棋子精神抖擻地站那兒，妳這廂一個胖子兒慢吞吞油乎乎地挪出來，還沒張嘴就已經輸了。

胖是懶惰和饞的表現，是自我控制力差的表現！如果妳連用自己的手拿起勺子，挖起多少飯，再送進自己的嘴都控制不住，還能做成什麼事？！

從醫學上說，每7年，人的全身骨骼、細胞和血液都會重新自我更新完成一次。如果妳想從外貌到氣質，全部脫胎換骨，要以7年為週期來塑造自己，7年之後，妳就可以再世為人！

腰圍是黃金分割和女性體態婀娜的關鍵，是少女和大媽的分水嶺，要拼死保持。

當妳對美好身材的渴望遠遠大於妳對食物的渴望，妳就可以成功減肥。減不下來那是因為妳對瘦的渴望還不夠強烈。

21
假如理想沒有照進現實

　　市面上的成功學與勵志書裡，有兩個普遍論點我都非常認同：第一要打心思認定「我能」，這叫做心理暗示；第二是訂了計畫然後一點點按時間進度實現，這叫做時間管理。

　　即使做到最好，也只是接近理想而已。能實現的那叫願望，理想就是用來照耀人生的。

　　理想這個東西，通常在人生早期就會埋下種子。比如我的理想雛形始自7歲，是在我爸的引導下建立的。

　　我自從小學一年級，就告別了無憂無慮的童年。我那威嚴的爸勒令：放學後必須準時回家，回家後必須伏案讀書至上床睡覺，沒得商量。晚飯後，樓下小朋友玩耍的歡笑聲總會飄進小屋，擾攘得我心癢癢。一年級期末考試結束後，我終於鼓起勇氣向我爸提問：「爸，那誰誰小考80分，還有誰誰，老不及格，為什麼他們放了學都可以出去玩？我回回得滿分，為什麼我不可以出去玩呢？」

　　我那威嚴的爸一定暗暗驚訝於我竟然敢於質疑他的規則。他不動聲色地沉吟了一會兒，作出了對我的整個人生具有決定性意義的啟蒙教育，他接下來這樣說道：「好，我告訴妳，為什麼他們學得很差也可以玩，妳學習好也不可以。那是因為，他們長大以後都是平凡人，妳是要成氣候的！」

　　我當時雖然還不明白怎麼樣才叫成氣候，但單就我爸那凜列的神色和擲地有聲的預言，已經把我深深震懾了！自那一刻，我就在幼小的心裡定位和認同了自己的發展戰略。

　　許多年以後，我明白了我爸的教育方法叫做心理暗示。從我這個案例看來，心理暗示對人類行為的影響，簡直大得超乎想像。

在我爸的教導下，我自然而然就認同了如下邏輯：如果我力爭上游、出類拔萃，那是應該的；如果我懶散懈怠，碌碌無為，就辜負了我成為氣候的天然使命。

我的榮辱觀從7歲起就已經涇渭分明，所有事物都能夠被一分為二地看待——那就是有助於成氣候的，以及有悖於成氣候的。一個7、8歲的小孩，竟然動不動就學會審視當下，人生一有進展就沾沾自喜，一遇阻塞就愧疚悔恨，唯恐出現偏差，不能成長為命中注定的人才。花無百日紅，書念得再好，總有疏漏的時候，一疏漏我的情緒就灰暗沮喪，就暗暗不服。

回憶起來，我在整個少年時代，都是一個好戰、喜勝的小女孩，玩耍時候亦內心不得放鬆，時刻充滿緊迫感。

這份緊迫感真是跟隨我太久了，具體來說就是總覺得會的東西不夠多，不努力小跑就跟不上大部隊，這是往壞處想。往好處想就是總想在人群中鶴立雞群，熠熠閃光。求學時期就表現出考試要掙個前幾名，大合唱的時候老想當指揮，誰說哪個女同學漂亮我就暗中觀察揣摩比對。

現在分析事物動輒提及童年陰影，在此也有必要提及我的中學陰影。因為一直到高中之前，我對「假以時日，我終將成為氣候」這件事深信不疑。

我的中學叫北京八中，是一所著名的北京市重點中學。我家

當時住在二環樞紐西直門，八中在復興門，方圓1里內還有實驗中學、三十五中，這些也都是西城區有頭有臉的重點中學，是八中升學率的競爭對手。我每天會沿著西二環由北向南，騎15分鐘自行車上學。

在高三那年的一個早上，我和平時一樣手按剎車，單腳點地，停在復興門立交橋北面的武定胡同十字路口等待綠燈。我前後左右佈滿了上學的男生女生，多如過江之鯽，他們和我一樣風塵僕僕，面無表情。

人群之中，不知道那時我的心念怎樣一轉動，整個人瞬間被一種巨大的惶恐吞沒。直讓我後背發涼，心驚膽戰。

我突然發現，從7歲起就孜孜不倦讀書到今天，10年寒窗都過去了，我卻還依然湮沒在無數前途未卜的學生當中，在立交橋下等待紅綠燈，像等著自己的命運。我曾經沾沾自喜的童年，自以為和大家有什麼不同，還不是在眾生（對，我當時就是想到「眾生」這個詞）中間繼續掙扎。雖則身在重點中學，但在以後的種種人生測驗裡，只要稍有閃失，在任何一環有了疏漏，我就會更加慘烈地跌回到「眾生」的深淵裡。聲聲學習，熙熙攘攘，浩浩蕩蕩，什麼時候才能出頭？

我第一次懷疑，我成氣候這回事，其實只是我爸望子成龍的一廂情願。

幾年之後，第一次看《霸王別姬》，我在小癩子身上看到了我當年那種惶恐和絕望的重現。對，還有絕望，一個少年面對未知人生和難以企及的偶像的巨大無力感。

小癩子第一次溜入戲樓，終於看到京劇名角的時候，不可抑制地淚流滿面，小癩子說：「他們怎麼成的角兒啊？得挨多少打啊？我什麼時候才能成角兒啊？」

不同的是，小癩子是看到了活生生的「角兒」而震撼和絕望，而那時的我並無真切偶像，只是恐懼湮沒，只怕最後成了我爸所說的「平凡人」。

好在《霸王別姬》裡，師傅還說了一句話：「人得自個成全自個！」

那天的惶恐過後，高考迎面襲來，我決定自個成全自個。幾個月後，我考進北京廣播學院播音系，漫長的暑假結束後，我終於神清氣爽、躊躇滿志地步入大學校園。

開學不久，我很快就發現，我以為跳脫出了一個湮沒的「眾生」，又投入了另一級世界的「眾生」裡去，離成氣候還早著呢，路漫漫，路迢迢。

由此可見，我要成氣候的啟蒙理想，受我爸的影響而種下，早已貫穿了我的前半生。多虧有了這個自我暗示般的理想，否則

我天性中的自由散漫過早地開枝散葉，我今天的境遇就很難說了。

我工作幾年重返校園成了研究生，年齡大得足夠做本科生的阿姨，幾次遇到臨畢業的青春男女們幽怨地向我發問：「理想與現實差距太大怎麼辦？」理想的美好總是與現實的殘酷相提並論，好似一對反義詞。

我一般都如是回答：「理想和現實能沒有差距嗎？」

當然我還會加以解釋：「我們國家都建設了60年了，最高理想也依然沒有實現啊！但是我們國家早就提出了現階段的任務和N個5年計劃，分段5年5年地實現。理想嘛，當然高高在上，先擬定一個現階段的任務比較可行。」

他們聽了，大多都似是而非地點點頭，心事重重地走了。

我這廂望著他們年輕的背影，還在因心虛而暗暗流汗。

人之患在好為人師，畢竟年齡一大把，好歹證明我沒有虛度，總要故作姿態講一講道理。但我心裡可是清清楚楚地知道，我也才剛剛擺脫前幾年的糾結困惑，剛撇下書本一腳踏進紅塵那兩年，俯仰皆是理想與現實之爭，日子當真不好過。

我是後來才明白，所謂理想職業與理想伴侶等只是個具體化的載體，人們終極追求的，是附著於這載體上的理想生活方式與

心理狀態。

在想通這個邏輯關係之前，對理想職業的選擇，首先就要了我的命。

上了廣播學院以後，我以為人生職業大局已定，日後無論在哪個電視節目中露臉，總是衣冠楚楚，義正詞嚴。人前衣著光鮮，人後面子給足，這份職業再理想不過了。不料大學一年級跑去小劇場看了一出沙特名劇《死無葬身之地》以後，回到宿舍竟然徹夜失眠，無限懊惱自己選錯了專業。

在此之前，我不知道除了對人之外，對職業也能一見鍾情，並且一見鍾情的症狀同樣表現為當下心跳加速、血壓升高、瞳孔放大，恨不能早早相逢，立時三刻擁為己有。

我當時坐在漆黑的觀眾席裡，看佈景結構，看燈光變幻，看話劇演員們鏗鏘有力地吟誦台詞時，起了一陣陣的雞皮疙瘩，感覺強烈而奇異！那感覺是懊惱與激動混雜，總之認定一生的志向理應在此，我應該生活與戰鬥在話劇舞台上，不是做導演，也應該是演員，不是演員，也至少是美工吧！

接下來幾個月的播音系專業課，我都上得有氣無力，只覺得照本宣科的新聞稿乾澀不堪，抑制了我的創作激情與自由靈魂；而冰冷堅硬的攝影機也令人難有對象感，遠遠不能與劇場那一雙雙熱切的眼睛相提並論。

上課下課是身不由己，但有空我就跑到各小劇場去接受藝術薰陶。那一年是孟京輝《戀愛的犀牛》首場，我足足看了3遍，可以大段聲情並茂地背誦劇中經典台詞，並把劇本翻得爛熟，對其中精彩的人物設定醉心不已。

現在看來，我的所作所為絕對是一個十足的文藝女青年，文藝女青年的特點就是少時有些許文藝底蘊，恰逢荷爾蒙旺盛的思春期，無限遐想與激情不得其門而入，遂寄情於詩詞歌賦，顯然近幾年的文藝女青年都特別青睞戲劇。

當然我的戲劇理想之帆最終也沒能啟航，或者說當我在大四意識到所從事職業至少需要養活自己的時候就徹底擱淺了。但那幾年文藝女青年的追求讓我搞清楚了一件事，那就是我相當熱愛自由的靈魂，同時我又相當熱愛戰鬥的生活。我的理想是魚和熊掌能夠兼得。

如今《戀愛的犀牛》已經上演了將近10年，歷次版本我都沒有錯過。到2009版的時候，我依然能夠默默地和演員一起背誦下全劇的經典台詞，而內心不再有一點點波瀾。

雖然如此，我並不認為我的理想遭遇了破碎和隕落，我憧憬中的自由與戰鬥之燈塔依然高遠而明亮，職業類別只是數條船中的一條，一條船不啟航，轉乘其他船仍然可以掛起風帆，帶你駛向彼岸。

　　至於後來我的職業選擇，確實真切地反映了我的理想：為了自由靈魂，我放棄了做新聞播報員；為了戰鬥的生活，我成為一名私人企業小老闆。現在看來，一切都不是偶然的，不是際遇和湊巧，而是我為了理想做出的選擇。雖然今日，我依然距離理想狀態相去甚遠，但我已經走在路上了，一天即使前進一釐米，終歸是越來越近。

　　追求理想有點像夸父追日，看得見卻追不上，但不知不覺追出了幾百里，回身一望早已有了可喜成就。理想當然要夠遠大，否則輕易就實現了不見得是好事，事成之後再無惦念之目標會有點沮喪，拔劍四顧心茫然；理想又不能夠太過夢幻，誇張到走外太空和神話路線，根本就無從下手實踐，令人完全沒法有念想。因此好的理想，還是需要量身定做的。

　　「現階段任務」，不是空穴來風，我的確是這樣走過來的：設定一個目標，努力前進，直至把目標踩在腳下，然後再定一個。循環往復，以此為樂。

　　同樣是抱怨理想沒能實現的人，卻可以選擇兩個截然不同的狀態，一種是背道而馳，一種是走在路上。如果選了前者，就只好漸行漸遠，切莫怨天尤人；如果選了後者，我十二萬分地支持你，理想總要用現實一寸寸地走出來，不積跬步無以至千里。暫時沒實現的理想，只有到臨終前，才有資格說它破滅了。

　　所謂理想職業與理想伴侶等，只是個具體化的載體，人們終極追求的，是附著於這載體上的理想生活方式與心理狀態。

　　理想當然要夠遠大，否則輕易就實現了不見得是好事，事成之後再無惦念之目標會有點沮喪，拔劍四顧心茫然。

　　設定一個目標，努力前進，直至把目標踩在腳下，然後再定一個。循環往復，以此為樂。

　　同樣是抱怨理想沒能實現的人，卻可以選擇兩個截然不同的狀態，一種是背道而馳，一種是走在路上。如果選了前者，就只好漸行漸遠，切莫怨天尤人。

　　暫時沒實現的理想，只有到臨終前，才有資格說它破滅了。

22
吃喝玩樂見真知

　　吃一口冰淇淋就是香甜，吹一陣海風就是涼爽，這是毋庸置疑的事實。

　　思考是為了不思考，工作是為了盡情休息，忙碌的生是為了無憾的死。

　　在想像力範圍之內，爭取一個可能性的最大化，自由的人生不需要解釋。

就怕人家跟我討論人生的終極意義。本來輕鬆愉快的一個上午，一個朋友在MSN上突然問我：「妳說活著的意義是什麼呢？」這可把我難住了。他八成是遇到了什麼事急待想通。

有一些題目和公案，是寧可不要想的，比如「先有蛋還是先有雞」，還有「人可不可以自殺」等，「人生的意義」是其中最嚇人的一個。

如果我說我不知道，那等於說自己是在白活，每天吃喝拉撒睡卻枉然無知，還不如直接告訴對方我是豬；如果我說我知道，生拉硬扯出一個哲學思辨，又不是我所能達到的境界。以己昏昏，沒辦法使人昭昭，肯定招架不住追問。

人家又正在困惑的節骨眼上，殷切地等待著我的回答，我斷然不可胡亂說個答案打發。於是我把手頭工作停下，當真開始展開思考，終於搜腸刮肚，回憶起曾經深深認同的一套詞，趕緊一個一個字打出來：

「活著就要鬥爭，

在鬥爭中前進，

在死亡來臨之前，

把能量發揮乾淨。」

　　為了表明我所言有出處，我打開網頁，搜索關鍵字「活著就要鬥爭」，想看看我記憶裡這話到底是誰說的。沒料到，搜索結果五花八門，唯獨沒有「活著就要鬥爭」。

　　主要搜索結果如下：

　　活著就要幸福

　　活著就要遠行

　　活著就要認命

　　活著就要冒險

　　活著就要酷

　　活著就要精彩

　　活著就要珍惜彼此

　　活著就要瘦

　　活著就要上訴到底

　　活著就要讓兒子有吃的！

　　我被最後一個活著的意義震撼了！

　　既然大家的意義都不一樣，我本著擇優錄取的原則，把這堆結果都複製貼上，對朋友說：「這麼多意義，你挑一個吧。總有一個適合你。」

　　人生哪有確定的意義啊，都是自己賦予自己的。我只能幫他挑一挑，但沒有辦法替他鎖定，因為我不是他。

　　朋友沉默了一會兒，打出一行字：「活著就要面對痛苦。」

　　我想了想，告訴他：「也行，但是不確切。活著就要面對痛苦，然後戰勝痛苦，然後高高興興地去吃喝玩樂！」

　　朋友此刻求助於我，我當然要給予他鼓勵。但我想，我是當真這麼認為的。

　　面對痛苦是為了排解掉痛苦進而達到快樂，就像播種是為了最終收穫。播種的時候再投入忘我，也不能這兩者本末倒置。人活著都會本能地趨利避害，玩耍找樂子，人與人獲得快樂的途徑是不同的，吃喝玩樂對我來說如果是通往快樂的捷徑，我就不會繞道而行。

　　我的娛樂內容說來也簡單，和身邊每一個人都大同小異：空閒看看小說電影舞台劇，遇到party就泡泡夜店，隔一年半載去旅遊，換季的時候再去逛逛街，雖說沒有什麼新意，但快樂來得綿密而飽滿——上一輪快樂還未消去，在埋頭工作的同時，又潛

心等待下一批快樂的襲來。工作，就是上一批快樂與下一批快樂的間歇。別跟我說工作也是種快樂，那絕對是不一樣的，別自欺欺人了！

都說世事洞明皆學問，我看吃喝玩樂也是。但工作之外，我怕花腦子導致掉頭髮，在細節上是不肯下工夫的，何必呢，僅就皮毛已經讓我樂不可支，如果把吃喝玩樂做到蔡瀾老先生的境界，那簡直也就稱之為事業了。常在河邊走，多少積攢了點心得，以下可以揀想說的說說。

讀書與旅行

錢夠時間夠的時候，就旅行，不夠，就先讀書。靈魂與肉體，至少要有一個在路上、在別處，否則，人若是在一潭死水裡溺得太久了，就枯萎了。生存範圍總是有限，而書能指向深處，旅行能指向遠方，讓人在疲憊生活之餘，仍然得以有想像和希望作為心理暗示，讓一切支撐下去。當瞭解到此時此刻，總有些地方有更黑暗或者更美好的所在，多少會感到蒼茫和悲憫一些，對眼前的事少點糾結——這個年代大家都很容易糾結。

我倒覺得讀書在馬上廁上總可以抽空，旅行卻一定要趁年輕趕快抓緊，最好是踏遍青山人未老。老了之後的旅程全都變了味，趁牙口好、腸胃好、膝下無兒女承歡的時候，但走無妨。從

北京出發的話，東南西北，哪裡都可以去。每次一走出去，都感慨一次天地廣闊，再龐大華麗的城市，飛機上一看，也不過是彈丸，街市如溝渠，行人如蟲豸。再想飛機上的我，也不過是鐵皮裡一枚蟲豸而已，人不免就謙卑起來。等到再回到自己的小小格局，這種謙卑能讓我平和好一陣子。等到下一次浮躁膨脹的時候，正好又該出去了。

魯迅先生說：「必須如蜜蜂一樣，採過許多花，才能釀出蜜來。」當書籍和旅程越積越多，就算沒能提煉出什麼，眼界和格局總會隨之大一點。平常心得以見多識廣為基礎。當沸點越來越高，人慢慢就變得淡定了。

站在別人的世界裡，還有利於換個角度和立場反觀那個自己走出來的世界。美好與醜惡，都是對比出來的，各有前因莫羨人。就像有首歌裡面唱到的：

「美麗的姑娘，總在那遙遠的地方。

於是我一直把那遙遠的地方，深深地嚮往。

事到如今，我終於明白，不再神傷，

我們這裡，對於別處的人們，就是遙遠的地方，

我們這裡，也有他們深深嚮往的，最美麗的姑娘。」

寫這首歌的人，是過來人，這就是旅行的真諦。

讀萬卷書，行萬里路，如果心有餘力，再和 1 萬個有料的人聊聊天，堪稱完美的精神生活。

餐館與夜店

餐館與夜店，當然要放一起說，這是飲食男女，人之大欲。

嚴肅起來，都說感官世界膚淺靠不住，但多數時候，就是它影響和引導了你的各種行為，讓你成為一個胖子和戀愛狂，不服不行。

由於我自幼立志做個瘦子，勢必要長期管制我拿筷子的手，邊吃邊鍛鍊意志品質。可惜了多如牛毛的中國的餐館，怎麼吃也吃不完。

我吃得少，卻不耽誤我熱愛一切動機單純真摯的飯局，樂此不疲地參與訂位、點菜、葷素搭配、賓主頻頻舉杯等流程。推杯換盞的氛圍讓人陶醉，遠勝過飯菜的口味。這就是中國特色——我不曾見過比聚眾吃飯更融洽祥和的社交形式，觥籌交錯間，當天的菜式散落在個人的胃裡，同樣的營養結構同一時間被胃液消化，再被吸納進每一個細胞壁，哪怕飯局結束人們已經四散開去，食物氣息仍然流淌在身體裡。如果想和誰長得像，關係

近，氣場通，多想約吃飯就是，反之，與交惡的人吃飯，兩筷子就傷了你的真氣。所以，要慎重挑選共餐的對象，有的人真的實在不配，除非你想把怨念也一同嚼碎了嚥下去。

傍晚的局約在餐館，再晚的局，就約在夜店了。

夜店是個滌蕩靈魂的好地方，因為夜店充斥的極大元素，與平淡生活最遠，與潘朵拉的盒子最近。再找不到其他場合，能把各種真假酒精、震撼到耳鳴的音樂、變幻莫測的燈光，尤其是那些漂亮到不像話的人，雜燴在一處，讓夜夜掀起狂歡，無休無止。過完壓抑和隱藏的白天，夜店總有辦法把靈魂展開釋放，讓喜悅的人更喜悅，讓悲傷的人更悲傷，讓孤獨的人更孤獨，讓迷惘的人更迷惘。要是有人認不清自己的癥結，可以開瓶啤酒吧台上坐會，保證你懷揣心頭小疙瘩來，心口壓著大石頭走。片刻放大苦楚是有好處的，大了才看得清。

夜店不但對心理健康有好處，還有利於舒筋活血。只要擠進狂舞的人群，憑藉音樂與氣氛激發出的腎上腺素，不用喝酒就可以自然high，一直high到雙腿綿軟、汗流浹背。這時候再回到卡座，稍事休息，吃個水果盤，夜店生活也要講究有鬆有緊。

夜店裡也會交到朋友，比如說上一次，一個身材與我相仿的女孩坐鄰桌，同來者男性友人居多，她略顯孤單，索性拉我去結伴跳舞。

跳到高潮處，女孩問我：「以後一起玩啊？」

「好啊！」我回答。燈光閃爍間，我看到女孩挺漂亮，滿心歡喜。

女孩誠意無限，自我介紹：「我叫文文，1987年的。」

我一驚，腳下險些跌倒，馬上定定神，想她不過是初出江湖，我才德高望重。

「妳叫我瀟姐吧，我是1978年的。」我也自我介紹。

「啊？妳78年的！真看不出來，阿姨，妳真年輕！」女孩掩飾不住的驚訝，由衷地算是讚美我！

我一陣錯愕，叫我什麼？阿姨?!我剎那間興致全無，頓時覺得高跟鞋踩得腳踝酸疼，回桌邊喝水。

放眼望去，滿場遊走的都是袒胸露背、身材高挑、神情倨傲的年輕女孩，午夜1點鐘，還有幾個78年的阿姨盤踞在這裡？是我輩退出江湖的時候了。

江山代有才人出，78年的阿姨，適合在家看看電視，扭扭腰，吃吃水果盤。老將軍功成身退以後，只要房前有松柏生長，身旁有兒孫繞膝，就可以輕鬆消遣掉餘生裡漫長的意趣闌珊。我不妨也從此著手種種松柏，生生兒女。夜店裡仍然繼續上演不散

的筵席，而我已經起身離場，時間剛剛好。回頭一望來路依舊歌舞昇平，在此，向我戰鬥過的夜店致敬。

不知道MSN那邊，我那困惑的朋友是否理解了我所說人生意義。只要是因為之前的努力得來，只要能讓你獲得真實的愉悅，就是你應得的。命運已經讓你痛苦過了，現在塞給你人生禮物，還不趕緊拿著？給你你卻不知道拿，才真正是暴殄天物，虛擲光陰。

如果你認真起來非要問我：一路上刻苦學習、努力工作，又辛勤創業，這一切終極目的和永恆的意義是什麼？我只能告訴你一個真實而庸俗的答案，為了吃喝玩樂。而一切的披星戴月和早出晚歸，都是為了能讓吃喝玩樂再多一次，更上一層樓。

還有，不能滿足和拘泥於眼下的這點甜頭，而是要持續努力，知道有能力選擇在任意的時間、任意的地點吃喝玩樂，與此同時，讓自己的思想仍舊可以任意馳騁，這才是一種我所深深嚮往的自由。通過勤奮思考和不懈努力得來的這種可貴的自由，馬斯洛的「需求層次理論」稱之為「自我實現」。

　　錢夠時間夠的時候，就旅行，不夠，就先讀書。靈魂與肉體，至少要有一個在路上、在別處，否則，人若是在一潭死水裡溺得太久，就枯萎了。讀書在馬上廁上總可以抽空，旅行卻一定要趁年輕趕快抓緊，最好是踏遍青山人未老。趁牙口好、腸胃好、膝下無兒女承歡的時候，但走無妨。

　　魯迅先生說：「必須如蜜蜂一樣，採過許多花，才能釀出蜜來。」當書籍和旅程越積越多，就算沒能提煉出什麼，眼界和格局總會隨之大一點。

　　平常心要以見多識廣為基礎。當沸點越來越高，人慢慢就變得淡定了。

　　讀萬卷書，行萬里路，如果心有餘力，再和1萬個有料的人聊聊天，堪稱完美的精神生活。

23
只有經過驗證的才是真神！

　　人們怎麼就知道馬鈴薯適合燒牛肉，番茄適合炒雞蛋呢？一定是經年累月慢慢試驗出來的。

　　同理可證，假設時間夠長且代價微小，最適合自己的一個形象、一份工作和一個男人，應該也能最終試驗出來。

　　只可惜時間有限，所以出錯要趁早，排除掉錯的以後，對的才好早點到來。

　　神農嚐百草，愛迪生做試驗千次，人要想真正瞭解自己和世界，是要有點探險精神的！

馬啦在後現代城的新工作室開張了，現場高朋滿座，盛況空前，眾多男女潮人到場祝賀。

馬啦是我大學的同屆校友，而且竟然與我同年同月同日出生，自然都是極端的天蠍座，還都是偏執的 A 型。10 年之前，我們在跨系的聚會上相遇，她與我一樣身體圓圓的，如今卻將自己塑造得比我還要消瘦。消瘦的人，比較容易擁有凜冽的氣質。

開業酒會上，馬啦隆重推出了她工作室的第一批作品──26 記之金屬拉鍊系列。「26 記」指的是將眾多款式的棉質貼身黑衣裙，分別輔以 26 種材質配飾。所有的衣裙，都由馬啦自己設計完成。她在大學讀的是電影文學，畢業之後一直投身於時尚雜誌界，不過這有什麼關係。我現在所從事的，也不是我的科班本行，覺得有趣又夠膽的話，一切都不在話下。

馬啦在時尚雜誌圈裡浸淫了這些年，現在搞出一堆黑糊糊的衣服，我感到奇怪。因為過去 10 年中，每次見到她，她的穿著和髮型都與上一次迥異。比如第一次是順直中長髮和立領收腰小西裝，下一次就可能是紅色短髮和波西米亞流蘇披肩，再一次又是非洲爆炸頭配搭彩色絲襪。總之但凡時尚耳聞目睹過的漆皮與網眼、英倫與龐克，在馬啦身上都曾經找到過。

每次見到她之前，真是無從揣測她的新形象，終於見到她之後，都忍不住嚇了一跳。要知道頭髮和衣服這層包裝有著不可思

議的效應，我每次都恍然間覺得馬啦已經幻化為另外一個人，需要經過接下來的談話和交流，望聞問切，真正的馬啦才能衝出她的新殼，漸漸鮮活生動起來，讓我確認這還是她本人。

由於以上原因，我一向主動和她約在人流量相對稀少的地區，這要是相會在熙熙攘攘的街頭，我不得不像個失憶症患者一樣，與每一個由遠而近的身影上前相認。

小酒微醺之後，馬啦邀請女性來賓試穿她的拉鍊系列，廣泛徵集意見建議。我挑了一件前胸處綴有金箔的黑色小裹裙穿起來，又蹬上馬啦的細跟高跟鞋，鏡子前面轉了幾圈，裙子和我絕對相映生輝！其他女孩也紛紛挑了自己中意的式樣，穿好又走來走去，磨蹭著不肯脫下來。看來這第一批作品，好評如潮。

馬啦在一旁看著大家，肯定是滿心歡喜，不停和大家交換改進意見，時而發出她那具有代表性的大笑，凜冽而富有張力。

「妳怎麼就想起來做26記呢？」我對靈感來源最感興趣。

「因為我喜歡啊！」馬啦的回答太像我常用的句式，不愧是同日生的，但我還是覺得奇怪。

「妳喜歡的東西可多了，何只26？260都有了吧？妳從裡面精選的？」

「哈哈哈，我這10年是穿了好多好多各種各樣的衣服。」馬

啦大笑承認。

「何只衣服啊，還有您那髮型。呦，最近一年倒真沒怎麼改變，一直是小S頭嘛。」我繼續諷刺她。她一點不介意，還配合地撫摸起她順滑的短髮來。

「其實30歲之前，我不知道自己喜歡什麼衣服。我是這半年剛知道的。」馬啦抿了口香檳，繼續說：「我是把好像有點喜歡的衣服，都拿來試著穿了。有意思的是，不同的衣服上身以後，人的狀態也跟著變了，甚至連性格都隨著變了，影響到我做人做事。髮型也是這麼回事。這麼些年，我還是覺得，當我穿上黑色、棉質、貼身、剪裁簡單別致的衣服，從裡到外最舒服，最像真正的我自己。」

沒錯，對的衣服配上對的人，正如行頭之於名角，鎧甲之於武士，氣場天然合一，坐下來可慰藉內心，走出去可拔劍戰鬥。

我心中暗暗驚歎，馬啦如今所喜歡的，竟然和我多年的愛好殊途同歸。好在我不需要像她一樣經歷漫長的探索，從來就愛黑色和貼身的衣裙，也愛細節處華麗的點綴，早年是因為覺得顯瘦，後來漸漸覺得適合。我自覺很幸運，畢竟這探索實在是太破費了。

「是不是覺得這樣衣服不好買，所以妳決心自己設計？」我覺得現在我就是馬啦的衣服知音，對她的動機已經全然瞭解了。

「沒錯！想要的要麼買不著，要麼買不起，與其等著別人做出來，等自己掙夠錢買，不如我自創品牌，我自己做！」

馬啦一仰脖，把香檳乾了，真來勁！我都想上去擁抱她了。

衣服試完了，人群自動按氣場和話題分成好幾批。馬啦把我介紹給一個小麥色皮膚的俊朗型男，型男自稱軍軍。

軍軍身邊圍了好些女孩，我開始以為這是型男效應，旁聽了一會發現，型男原來是位健身教練兼營養師，女孩們都仰著渴望的小臉，針對自己的外貌和身材，迫切地和軍軍展開Q&A呢。

軍軍的專業素養相當好，一直微笑傾聽大家七嘴八舌的提問，有些弱智問題我都煩了，他還能有禮有節地作答。所有女孩的心情我都特別理解，我對此的觀點也很明確，早說過了本來大家都有缺點，為了世界更美好，各人醫好各人的就是盡了本分。萬一缺點實在太大，只能死馬當活馬醫。重點在於死馬也要醫，鬥志要始終昂揚，不能輕言放棄，否則取乎其中，僅得其下，最終全線崩潰的時候，只有哭的份。

女孩們求知若渴，我都開始因為酒勁犯睏了，她們還在不屈不撓地發問：「我想減肥應該戒肉還是戒米飯？」「排毒是喝茶更管用還是出汗更管用？」「為什麼她吃辣的沒事，我一吃就冒痘子？」等等，諸如此類，我漸漸只覺得她們的抖動的嘴像金魚冒泡，直聽得眼冒金星。雖然我對減肥排毒祛痘的知識也相當

渴望，但放著網上鋪天蓋地的諮詢不看，卻在這美好的週末午夜裡，劈頭蓋臉逼問一個陽光型男，我有點受不了。

型男軍軍終於招架不住，苦笑著說：「人和人的個體都不一樣的，很難說哪種方法對誰有用。我今天晚上的總結性建議是，匯集網路上的、民間的、妳朋友試過有效的方法，排隊列表。注意只選擇裡面對身體傷害最小的，然後一個一個去試。直到找到對妳有效的方法為止！」

試！又是這個詞，我一下子不睏了。轉過頭尋找馬啦，她正在我身後，神色詭異地點點頭，然後與我相視而笑。

鑒於今天晚上女性的勢力過於強大，軍軍和幾個男的知趣地送完祝福先撤了。剩下的女孩更加愛肆無忌憚，以馬啦為首，大談愛情道路的各種心得。

馬啦與我同齡，感情道路相對我可謂過猶不及，也是跌倒爬起，坐擁大把經驗教訓。善於總結是個非常好的優點，尤其對於邏輯縝密的天蠍座，有望練就百毒不侵、金剛不壞之身，哪怕春花秋月當前，依然明察秋毫，而後能越挫越勇。

「看過鐘麗緹版《色，戒》嗎？」馬啦顯然一副要拋磚引玉的架勢，一反常態地微微收斂下巴，城府頗深的樣子。

大家面面相覷：「《色，戒》不是李安的嗎？鐘麗緹那個不

是三級片嗎？」

我馬上回應馬啦：「李安的《色，戒》比鐘麗緹的三級多了！劇情完全是兩碼事。」

馬啦說的這個我還真看過，有發言權：「片子說的是，一個從小在寺裡長大的喇嘛，看見鐘麗緹，動了凡心，還俗了。和鐘麗緹結了婚生了子，做了買賣，和僕人偷了情，最後又悟了，二回剃度，還是皈依了佛門。」

「沒錯，就是這個！」

馬啦很高興，接著講：「這裡面就提出一個問題，喇嘛說：你們說紅塵不好，女人不好，我都沒見過我怎麼知道不好啊？教我怎麼打心眼裡抗拒我根本沒見過的東西呢？我覺得紅塵和女人看起來挺好的。人家釋迦牟尼可是王子，好吃好喝，三宮六院的到29歲，人家悟了，那是因為人家什麼都見著了，人世間好東西都全了，還覺得沒勁，還是佛法好。所以我要去親自看，親自體驗，回頭我再決定，我應該選擇什麼。」

馬啦講著講著又喝酒，大家都不吭氣，耐心等聽結論。

「同理可證，大到信仰、世界觀，小到衣服、減肥，全是這麼回事。別人怎麼說怎麼做，怎麼給建議，都沒用，妳也就是聽聽，參考一下。必須得以身試法，自己去找到自己的答案。談戀

愛也是一樣一樣的！妳喜歡什麼人，和喜歡的人是不是真能相處，最後能不能結婚，必須勇敢考察，坐那裡自己乾想，或者是聽信別人意見，都瞎掰！」

幾個女孩表示贊同，還說找工作也是這個道理，也有反對的，一個說：「那哪成啊？時間耽誤不起啊，等到全部試一遍，雖然想明白了，也快入土為安了。再說了，不是所有人遇事都迷糊啊，也有那種從小立下人生志向，就一條路走到底的；也有青梅竹馬就能白頭偕老的啊；要說衣服，妳看Coco Chanel，風格多統一、多永恆啊。」

馬啦酒勁和狠勁同時上來了：「誰讓妳變成大媽了還試啊？我是讓妳把錯誤都截止在前半生，到30歲就應該差不多了，再往後推倒重來就費勁了。前半生觀察思考，才能過上舒坦明白的後半生，否則4、50歲還推倒重來呢，那多悲劇啊！」

「是啊是啊！」大家已被氣勢震倒，沒多想就隨聲附和。

「還有，我說的是，如果遇到選擇性困難怎麼辦——如果！妳要一開始就知道想要什麼當然最好不過啦，多數人就是做不到嘛！既然做不到，就要用排除法，把曾經以為是、但試過以後肯定不是的，從妳人生的大表上，劃掉！」

馬啦左手這麼一比畫，連帶右手半杯酒大部分都潑出去了，她索性把就酒杯擱桌上，用手指頭點著桌子說：「數學裡面，這

叫試錯法！懂嗎？試錯法，這是科學！」

　　這回大家好像真懂了，紛紛開始思索，房間裡非常安靜。

　　「那、那我還有個困惑的地方……」一個一直沉默的端莊女孩終於發問了。

　　「說。」馬啦的吐字，跟小鋼砲似的，顯示出她正處於旺盛的小宇宙。

　　「比如說，我喜歡了一個人，本來是普通朋友，聊得也很好，就試著跟他好了。可是，一試，覺得其實合不來，跟聊的時候，落差非常大……」

　　女孩有點說不下去了，但我們大家已經心領神會，並且馬上有同病相憐的女孩把話題引向縱深：「這種事我也有過，和一個人聊得挺好，也沒法預料試了是不是合得來。一旦試過了發現合不來，往往以後也沒法聊了。這真是個遺憾而弔詭的事。」

　　這個女孩描述得直接多了，但無奈之情溢於言表。

　　我們越想越覺得這個事有特殊性，跟找工作買衣服和減肥有很大不同，於是殷切地看著馬啦，等待她的提點。

　　「呵呵呵。」馬啦竟然笑了。

我們不明所以，都很茫然。

「來，親愛的，讓我告訴妳，只要確保不產生毀滅性的後果，都可以照此辦理。」

馬啦俯下身，掩嘴做耳語狀，像要傳授一個千年秘密。

我們屏住呼吸，洗耳恭聽。

馬啦終於說了：「只有經過驗證的才是真神！」

這一句話如醒世名言，讓我全身一振，心明眼亮，多少雜亂的小心思都被瞬間洗滌。

這句話其實我是聽過的，比如「實驗是檢驗真理的唯一標準」，比如「想知道梨子的滋味，就要親口嚐一嚐」。但這一次聽到，才算是懂了。

午夜早已過去，我頂著北京的沉沉夜色離開馬啦的工作室，迫不及待地要回家去列出一個大表，我要趕在30歲未完的這一年，理清那些遺留的、還未清晰的人生細節與願望。

一切應該很簡單，我只需要應用試錯法，確定，或者劃掉。最後，我的心會清晰雋永，如一片剔透的葉脈。

重點在於死馬也要醫，鬥志要始終昂揚，不能輕言放棄，否則取乎其中，僅得其下，最終全線崩潰的時候，只有哭的份。

善於總結是個非常好的優點，尤其對於邏輯縝密的天蠍座，有望練就百毒不侵、金剛不壞之身，哪怕春花秋月當前，依然明察秋毫，而後能越挫越勇。

前半生觀察思考，才能過程舒坦明白的後半生，否則4、50歲還推倒重來，那多悲劇啊！

和一個人聊得再好，也沒法預料試了是不是合得來。一旦試過了發現合不來，往往以後也沒法聊了。這真是遺憾而弔詭的事。

越年輕的時候，越可以應用「試錯法」，在不違反健康、不觸犯法律的基礎上，搞清哪些東西是真正適合自己的。為了讓以後的歲月做對的機率更大，不妨前期多試點錯的，這跟「工欲善其事，必先利其器」的道理是一樣的。

24
永遠太遠，只爭朝夕

美好與幸福，是相對的，取決於對照組。

大家都喜歡向高標準看齊，所以總是容易鬱悶；大家還喜歡花時間糾結於小事上的得失，回頭一看才發現時間花得冤，早知道真不如改善一件大事，但是千金難買早知道。

千金還難買寸光陰，與其汲汲營營，不如儘量讓每一天都真正活過，因為，每一天，都是餘生的第一天。

　　一切要從2006年春天，塔塔介紹我去《瑞麗時尚先鋒》拍照說起。

　　塔塔由於工作關係，和各類時尚雜誌很熟悉，她在2006年年初作為滑雪高手客串了一次《瑞麗》的模特兒；年中同一專欄還需要表現健康生活的模特兒，塔塔就順勢推薦了我。

　　拍攝地點選在另外一個模特兒的家裡。那天，我提著一袋子衣服，一進門就看到一個頭髮短短的女孩，年齡和我相仿，大眼睛，又瘦又白，脖子細細的，穿著顏色清單簡單的衣服。幾個採訪對象都已經來齊了，大家彼此簡單介紹，雜誌編輯告訴我短頭髮女孩是今天的化妝師，叫老王。

　　明明和我歲數差不多，敢被人稱作老王，不用說肯定是江湖地位德高望重。我連忙洗好臉，坐下來開始讓老王給我化妝。化妝的時候我百無聊賴，就從鏡子裡觀察老王，心想人家化妝師就是時尚啊，頭髮短得都要露頭皮了。也就是她，夠白夠瘦，五官又精巧，剪這個髮型才好看，我萬萬不敢嘗試。健康運動版面的妝容勢必要清新自然，老王動作輕巧熟練，很快完成，末了還把我的頭髮綁了一個少女式的馬尾辮。

　　隨後攝影師進來了，挺年輕，看來是拍攝現場唯一的一個男的。這個男的也是相當瘦，T恤晃蕩在身上，顏色和圖案倒很別致。頭髮是燙過的，有點蓬蓬的，像陳奕迅早期的髮型。他打

好燈，就很有效率地馬上開工了，邊舉著相機邊和大家輕鬆地聊天，一個一個地引導女孩進入拍攝狀態，擺出各種充滿活力的樣子。每按一張，他都不忘記表揚一下模特兒，而且那表揚聽上去親切真誠，像鄰居二哥那麼自然。我們都給誇得樂呵呵的。

拍攝進行得很順利，結束的時候幾個女孩已經混熟了，坐在一起開始聊天。老王早早地就收拾好了化妝箱，安靜地坐在一旁等著。攝影師也迅速地把燈和器材整理好，拎起來就走。

一個女孩叫住他：「您這就走了啊？您貴姓啊？我們打算一會直接去聚餐，您不一起來嗎？」

攝影師笑了：「我姓張，我得回公司開會，你們替我多吃點啊。」

我們異口同聲：「張老師再見！」說完互相看著笑起來。看來大家都挺瞭解，在電影電視和時尚圈，一般都把長輩、前輩尊稱為「老師」，尤其實在摸不準江湖地位的情況下，在姓的後面加個「老師」準沒錯。

老王緊跟在張老師後面也要出門，我們又連忙叫老王，她回頭微微笑說：「我也得去開會。」我們只得看著她細細的小白脖子一閃就消失在門口。

雜誌編輯轉回頭來神秘地笑：「妳們真夠笨的，沒看出來人

家是兩口子啊？」

「啊？沒有啊？」我們都茫然。

「沒看老王一直幫著打燈，拿反光板啊？」

「哦，對啊？一般不都是助理拿的嗎？」一個做職業模特兒的女孩問。

「一般拍照，他們兩口子就能搞定，強吧？」編輯很得意。

我趕緊說：「還說呢，我剛才看見他們倆穿著一樣的鞋。我以為是因為那個鞋流行呢。」其實剛才我就想問，怕人家發現我不時尚，不好意思。

「他們倆情侶鞋好多雙呢。」編輯說。

「那他們倆真開會去啦？是不是嫌跟我們吃飯太吵啊？」有人懷疑。

「肯定是真開會。他們倆好像是做建築設計的，拍照是業餘愛好。」看來編輯跟他來也不是很熟。

「噢。」我們都露出了豔羨的神色，各人肯定多四下裡對照了自己一把，瞧人家主業副業都這麼棒，還志同道合，夫唱婦隨，自己跟人家差距真大啊。

　　過兩天見到塔塔，可是嚇了一大跳。塔塔不知道哪根筋接錯了，竟然把好端端的長髮剃成了光頭。圓滾滾，亮澄澄！

　　「妳幹嘛啊妳！」我捶胸頓足，替她的頭髮扼腕歎息。

　　「只有我們這種天生麗質的人才敢玩光頭造型哪！」塔塔一點也沒有後悔的樣子。

　　「妳們是誰啊？」我倒想知道誰還能像塔塔這麼大膽。

　　「老王啊！妳不是見過她了嗎？妳拍《瑞麗》的時候也應該是她化妝吧？」

　　「哦。但老王不是光頭啊，她是頭髮剪得非常短。」我想起來了。

　　「我不是先拍的嗎？妳拍的時候她又長出來了。我跟她學的，我覺得她光頭很好看！」塔塔仰著小脖，充滿自信。

　　長髮已然變光頭，覆水難收，我只好細細打量塔塔的新造型，客觀說不算醜，反倒顯得她的輪廓特別明朗，五官更加清晰。

　　「還是沒有老王的好看，她白，妳黃；她瘦，妳胖啊！」我毫不留情地說出了我的真實想法，誰讓我和塔塔是好姊妹呢。

「哼，妳真討厭。」塔塔不理我了，我知道她肯定不會真生氣。

過1個月雜誌出來了，我一個中學女同學在MSN上問我：「我看見妳《瑞麗》照片啦！好看。攝影師姓張吧？他是我大學建築系的學長。」

「呵呵是嗎？世界真小。」我記得編輯也說過，張老師是建築設計師。

「他老婆是我們學姊，他們倆是建築設計院的同事。」

「對，他老婆叫老王，她給我畫的妝呢。我覺得他們倆很強！」

「他們倆在我們大學是很著名的一對，在一起有10年了！」

「10年來一個大學、一個公司，還一起拍照啊！」我驚歎。

「他們倆一直是攝影愛好者。我們這行挺辛苦的，老加班，每年還得考證呢，能堅持愛好的不多了。」我同學對他們倆的欽佩之情溢於言表。

2006年夏天，塔塔給《男人裝》拍照片，拍完又鼎力推薦了我。

這次不一樣，這次可是大專題。編輯介紹說，一個跨頁上都會是我在那裡玉體橫陳，對模特兒身材要求極為苛刻。拍照前幾天，我一直惴惴不安，唯恐身材不夠有形，於是臨時抱佛腳，每天咬牙游泳 1000 公尺。去拍照的路上我內心更加忐忑，心想《男人裝》的攝影師，得見過多少貨真價實的美人兒啊？得拍過多少氣勢磅礡的大模特兒啊？我論臉蛋不夠妖嬈，論身材又不夠料，如果人家從取景框裡看見我那僵硬的小矮個，會不會搖頭歎息，對著電腦修片的時候，會不會忍不住罵街啊？

拍攝地點在一個高層建築裡，到了大廳，我決定磨蹭一下，緩一緩再上去。

剛開始深呼吸，看見電梯門口有一男一女提著大包小包，似曾相識。再一看，嘿，是老王和張老師！我激動啊，趕緊跑過去打招呼：「張老師，王老師！這麼巧啊？」一激動差點把老王叫成「張師母」。

他們倆看見我都點頭微笑，很快就認出了我。

「今天您拍？」我問張老師，希望答案是肯定的。

「今天拍您？」張老師逗我，完全沒有失望和犯愁的表情。我頓時鬆弛下來了。

「我幫您拿。」

電梯門開了，我去爭搶老王手裡的箱子，感覺神清氣爽，萬里無雲。

我替自己高興，也替他們倆高興。這個行業應該有不少競爭對手吧，他們夫婦只是當作愛好來做，已經做到了這個階段，難能可貴。

大專題的規模明顯升級了。雜誌社來了兩個編輯現場指揮，其中一個好像還是主管。老王給我化妝也顯得格外慎重，速度比上次慢了不少。老王還是那麼瘦，但是頭髮長了很多，好像還做了新髮型。近看眼皮上抹了小藍眼影，比上次素面好看許多，顯得整個人清爽靈動。

老王正給我畫著妝，又來了一個拍照的女孩。我一看，心裡「咯噔」一下。那女孩脂粉未施，但是真正漂亮，眼睛又黑又大，鼻子挺直得讓人心碎。

我脖子不敢亂動，只好一直斜著眼打量新來的女孩。

老王發現了我眼神裡的羨慕嫉妒，馬上對我說：「那女孩真好看，妳們都挺好看的，妳眉毛長得真好。」老王給我刷了刷眉毛。

「我臉多平啊！我眼角還下垂！我也想要她那樣的鼻子，還有吊眼梢。」我不無沮喪地嘟囔。

「各有各的好看，不用羨慕別人。妳還不滿足啊，要是不夠漂亮能讓妳上《男人裝》嗎？」

老王說得有道理，我踏實多了。老王開始給我塗嘴唇，我乖乖讓她塗，不說話了。

剛踏實10分鐘，那女孩的男朋友來找她了。嘩，長得跟巔峰時期的黎明似的。拿著給姑娘買的草莓冰沙，拎著女孩裝衣服的名牌大包，一進場就噓寒問暖，女孩笑得咯咯的。

我眼巴巴地看著，不吭聲。

「妳男朋友今天陪妳來拍嗎？」老王真狠，一問就問到我致命傷。

「我沒有男朋友！」我好可憐，真可憐，老王和那女孩，都成雙成對。

「眼下沒有而已，這對妳來說還早。好了畫完了！」老王表情淡定，最後給我刷了幾下粉。當然了，她都有老公了，肯定不擔心這個。

此時老王的老公張老師已經忙前忙後地打好了燈，準備開拍，他們倆時間可掐得真準，訓練有素。每拍一個場景，張老師伉儷就一同討論模特兒的姿勢和構圖，該補妝的時候補妝，該打光的時候打光。一輪拍下來，行雲流水。

那天大家心情都似乎格外好，一直有說有笑到收工吃飯。飯桌上有張老師和老王，還有漂亮女孩及其男友。我把這兩對都看了又看，暗暗想，如果有一天，我有了老公和家庭，我也要張老師和老王的格局，像他們那樣，成為志同道合的戰友兼伴侶，風雨同舟、榮辱與共、雙劍合璧、仗劍天涯。

1個月後雜誌出版，我翻開來一看，喜不自勝。照片裡，我眉眼嫵媚，身段玲瓏，頗有巨星氣質。我拿著雜誌到處張揚，大家都誇拍得真好，說攝影師肯定是大師，我說當然是了。

我把雜誌珍藏起來，跟塔塔說，一要感謝老王化妝到位，二要感謝張老師拍照傳神。他倆真是天作之合，一對璧人，以後還找他們倆拍。

後來一段時間，我和塔塔都沒什麼上雜誌的機會，倒是張老師在圈中聲名鵲起，名字開始出現在更多的明星美人雜誌上。在細細看，攝影師名字旁邊肯定還有化妝師的名字，沒錯，那名字當然都是老王的。

2007年秋天的一個早上，我剛打開電腦，一個MSN的對話方塊突然跳出來：「張老師的老婆，老王，昨天去世了……」

我愣了一下，沒有反應過來。再看說話人，是我的中學同學，張老師的大學學妹。

　　我震驚、錯愕，以為自己看過了，又一個字一個字重看，不敢相信。

　　我同學繼續打字：「是癌症。」

　　我飛快地問：「什麼時候查出的癌症？我前幾天還在雜誌上看到她名字了啊？」

　　「聽說有幾年了，病情一直反覆。他們對外沒怎麼說過吧。唉……」

　　我抓起手機打給塔塔，她的反應很劇烈，沒有辦法不劇烈。

　　這樣的事情，我們一直以為離我們還很遠很遠。

　　那一次，我和塔塔說了許多話。

　　塔塔跟老王見面次數更多，也更熟悉。塔塔說甚至上個月還見到了她，只是發覺她越發瘦了。對啊，她那麼瘦，那麼蒼白，還曾經剃過光頭，這都是癌症患者的表現，粗心的我們，竟然從來沒有意識到。

　　我和塔塔倒敘著回憶每一次見到老王的情景。塔塔開始難過和自責，她難過自己跟風剃了光頭之後，還去給老王看，老王只是微笑地看著她，告訴她挺好。老王肯定從始至終清清楚楚地瞭解自己的病情，我們卻從沒聽到過她的歎息。

老王每一次都專注地給我們的臉畫上美好的顏色，聽我們沒完沒了地訴說各種小煩惱、小困惑，當著老王那樣每天面臨殘酷考驗的人，我們竟然還好意思說！我們竟然無知到索取她的鼓勵和肯定！老王才是真正需要鼓勵的人，老王經歷的壓力與痛苦，應該比我們誰的都大。無法想像，我們當初都做了些什麼啊！

突然覺得，我和塔塔，我們這些擁有健康的女孩們，每天所討論的減肥、衣服、掙錢、旅遊、戀愛，乃至所謂人生哲理，在老王面前，都顯得無比的荒誕可笑，不堪一擊。

那張老師呢？現在剩他一個人了，他在做什麼呢？他該怎麼辦啊？

我不敢想。我發現我的人生經歷是如此的淺薄，前半生裡，我只失去過一隻貓，就已經泣不成聲。失去最親密的愛人，會怎樣？真的不敢想。

我和塔塔發現，我們根本沒有資格去安慰張老師。對張老師，說什麼才能不蒼白？說了悲痛會少一點嗎？

我們打開張老師的網頁，看見兩個人甜蜜的合影照片，到某一天，戛然而止，而那一天，除了一個日期，什麼也沒有寫。

時隔兩年，又是因為拍照，我們再次見到了張老師。他辭去了建築師的工作，專心做了一名真正的攝影師。是的，人生很短

暫，為什麼不去做自己最想做的事呢？我們在他的攝影棚牆上，看到一張許多鞋子的照片，每一款，都是一大一小的兩雙。大鞋都已經破舊了，小鞋還是乾乾淨淨的。我想起了遇到他們的第一天。

我們不是張老師和老王最親密的朋友，我們不知道他們的10年是如何一起走過的，但我們猜測他們一定如同所有深愛的伴侶一樣，許諾過永遠，永永遠遠。

死生契闊。永永遠遠，如夢幻泡影，如霧亦如電。

我珍藏的那本雜誌裡，永遠留有老王和張老師的名字。兩個名字緊緊挨在一起，在被照片定格住的瑰麗光影裡，莫逆於心，相視而笑。

如果有一天，我有了老公和家庭，我也要張老師和老王的格局，像他們那樣，成為志同道合的戰友兼伴侶，風雨同舟、榮辱與共、雙劍合璧、仗劍天涯。

我們這些擁有健康的女孩們，每天所討論的減肥、衣服、掙錢、旅遊、戀愛，乃至所謂人生哲理，在老王面前，都顯得無比的荒誕可笑，不堪一擊。

人生很短暫，為什麼不去做自己最想做的事呢？

25
甜美無害與冷靜銳利

　　當女生問一個關於她美不美的問題時，她要的回答是肯定的讚美，不一定是客觀事實；當女生問一個顯而易見的缺陷怎麼辦時，她要的是傾訴和表達本身，不一定是解決方案；當一個女生明知解決方案但沒實施時，是因為她認為自己還沒有差到那個急待解決的份上。

　　是缺點就去面對，改不了的就接受，有希望改進的去行動。意識到缺點而不改變，只會令進步緩慢。

　　小穎和小雪是同齡女生，其實她們倆從未認識過，但都擔任過同一個職務──我的助理。

　　2007年到2008年間，我的助理是小穎。

　　小穎身體纖細，臉像貓的臉一樣短小，輪廓也像貓的臉一樣好看。小穎喜歡隨著說話主題的改變變換表情。眼睛本來就大，做驚訝狀的時候就瞪得更圓，睫毛都根根豎起來；假裝苦惱的時候雙眼連同鼻子眉毛皺成一團，生動有趣，像是一個動畫片裡的小女孩。

　　小穎本來是隔壁公司的櫃台，週一到週五早晨，她向每一個經過的人微笑問好，無論這人是不是到訪她所在的公司。說是微笑，其實她的每一次笑都會活潑地露出白牙，笑得讓人不忍迴避。如果偶爾上前和她說話，她會馬上起立應答，說完謝謝、再見一定再補一個露白牙的美。時間久了，我對她心生好感，邀她當了我的助理。

　　新的工作開始了，成為同事之後，小穎的早晨問好，活潑的白牙笑，生動的表情我們每天都可以見到。除此之外，還有更多有趣的交流，比如：

　　「瀟姐，妳說我小腿胖嗎？」小穎問。

　　我認真打量，然後告訴她：「不胖。」

「我怎麼覺得照鏡子時候顯得很刺眼呢？」小穎跳到我前方不遠處，把小腿擺來擺去的給我看。

我於是又整體看了一遍，告訴她：「妳整個人瘦，小腿單看也瘦，但整體看就沒那麼瘦了。」

「那有什麼方法減小腿啊？」小穎做苦惱狀，雙眼連同鼻子眉毛皺成一團，像卡通人物一樣。

我說：「……」（此處略去200字）

過了一陣，我發現她幾乎每天都會提出一個需要解決的自身問題：「我頭髮是不是很毛躁啊？」「我皮膚好乾啊？」「我英語不好怎麼辦？」

只要提問出現在工作時間之外，我都一一回答「用完護髮素裹上毛巾」、「多做保濕面膜」、「定個計畫每天學習一小段時間」。

然而我又發現所有問題會在大概一週之後產生迴圈，當她再一次問我「我小腿胖嗎？」，我開始不解了。

「妳問過我了，我告訴妳了呀？」我問她。

「可是我還是覺得小腿有點胖。」小穎執著地望著我，又跳到不遠處給我看。

「上次我告訴妳那方法妳練了嗎？」我問她。

「還沒開始練呢。」小穎露白牙笑了。

「問題沒動手解決當然就還在啊！」我懶得再次重複上週的回答了。

半年過去了，關於小腿粗、頭髮乾、皮膚乾、英語差的問題，一個都沒解決，而小穎依然樂此不疲的和大家討論她這幾個地方，我不和她互動了，她就找別人說，有時候話題一聊能聊很久，辦公室響起歡聲笑語。

我當然不反對歡聲笑語，但有一點我總是不明白，有天午休聽見小穎又和同事說起那些問題，我忍不住走上去很認真地問：「為什麼不停地確認這幾個地方是不是缺點呢？是缺點就面對，改不了的就接受，有希望改進的去行動就 OK 了嘛。」

小穎不笑了，像看外星人那樣看著我。

僵了幾秒鐘，旁邊一個男同事摘下耳機轉過頭，慢慢地對我說：「當女生問一個關於她美不美的問題時，她要的回答是肯定的讚美，不一定是客觀事實；當女生問一個顯而易見的缺陷怎麼辦時，她要的是傾訴和表達本身，不一定是解決方案；當一個女生明知解決方案但沒實施時，是因為她認為自己還沒有差到那個急待解決的份上。」

　　簡直是至理名言！我心中讚歎，總結道：「所以這必定是一個無限迴圈！」

　　「所以小穎是一個典型的女生。」男同事微微一笑，戴上耳機。

　　如果總是在感覺，交流和傾訴中徘徊和等待改變的降臨算是一個典型女生的特徵，我覺得做典型的女生真是一個令進步緩慢的選擇。

　　兩年後，小穎由於家人身體需要照顧，公司又離家太遠，只好暫時先中斷工作。吃送別飯的時候大家看著她的笑臉和白牙都有點依依不捨，我最遺憾的是，兩年過去了，她常常念叨的那幾個問題一樣都沒有解決，隨著她一起離開了公司。

　　2009年到2010年間，我的助理是小雪。

　　我面試小雪的時候，簡直是「一見鍾情」的。

　　小雪瘦且白，穿衣風格簡潔，整個人顯得非常清爽乾淨。她有一雙當紅亞洲模特兒的那種咪咪眼，眼梢隱約向下，有些角度讓我聯想到日本或者唐代的工筆人物畫。小雪說話的時候習慣面無表情。當我提問，她就只圍繞問題做最精簡的回答，當我說一段話，她會直視著我的眼睛，只回答一個字：「懂。」有趣的是，每一次小雪說「懂」的時候，她都會令我相信她真的懂。

小雪給我的趣味還在於，和之前的助理小穎比起來，她們倆就像是硬幣的兩面，有著截然相反的思考方法和差別極大的表達方式。

小雪第一次陪我參加活動，在活動現場說：「妳今天穿這個不好看，上期網頁裡那個好看。」小雪的語氣如此肯定不容置疑，沒有情緒，只有客觀觀察和陳述事實。

小雪第一次跟我見客戶，回來路上突然說：「那個人不坦誠。」

我也看出那個人不坦誠，但很想瞭解小雪的想法。「所以呢？」我問她。

「所以妳也不需要和她坦誠的談話。」

「為什麼？」

「因為她會依據自己假設出妳也不坦誠。她還會想，妳竟然可以做到聽上去像真的一樣，妳真陰險！」

小雪很神秘，相處了很久以後，一次開車出去，小雪指著時尚街區沿途燈箱上一個英俊的男模說：「這是我男朋友。」

我很驚歎，然後問她：「妳怎麼不早說呢？」

「男模最好沒有女朋友，我說了，影響他發展。」

「這是他的主意？」

「這是我的主意，我告訴他千萬別說，如果別人問起就微笑神秘沉默。」

「妳期望中以後的自己是什麼樣？」我很想知道小雪對自己的期待，好奇地問她。

「反正不是妳這樣。」小雪低頭看著自己的手指頭說。

「哈哈哈。」笑完的我陷入了沉思。

做甜美無害的人，就是像小穎那樣感性的生活者，抒發自己，舒適別人，但大家未必進步；走冷靜銳利的人，就是像小雪這樣理性的思考者，剖析自己，啟迪別人，但大家未必開心。

小雪一直在思考進步，意味著她不會停留，和我一起工作了兩年後，她說她要和男友一起去歐洲：「他去歐洲做男模，我去歐洲上學。」她依然描述得很簡短。

雖然我們不得不分別，但我很開心。最終都是要分別，這次的分別毫無遺憾。

是缺點就面對，改不了的就接受，有希望改進的去行動。

如果總是在感覺、交流和傾訴中徘徊和等待改變的降臨算是一個典型女生的特徵，我覺得做典型的女生真是一個令進步緩慢的選擇。

做甜美無害的人，就是像小穎那樣感性的生活者，抒發自己，舒適別人，但大家未必進步；走冷靜銳利的人，就是像小雪這樣理性的思考者，剖析自己，啟迪別人，但大家未必開心。

後記

　　2009年10月16日晚上8時，我寫完了《女人明白要趁早》的最後一個故事。看到Word文檔左下角顯示出105688字，我頓覺欣慰無比，徐徐吐出一口真氣。

　　10萬字對於文學的汪洋大海來說很少，對於我來說卻很多，超越了我前半生寫過的所有課堂課後考試作文，以及給客戶寫過的文案和proposal的文字總和。從今年春天心念一動，到夏天談妥出版社，開始在每天繁忙事務之外再抽出3小時寫作，到如今總算見到果實成熟了。這件事情再一次告訴了我，集跬步致千里，每天完成一點點，是可以實現一個願望的。

　　書中所有故事與任務都保證真實，不只我、塔塔和小曼，所有出現過的主角都是活生生的女孩，跌倒爬起，有笑有淚。再次回味，更能總結出教訓來，是教訓就受用，就該吸取。現在回過頭看這25個故事，我必須說：謝天謝地，好歹都過去了。

　　感謝我的爸媽，感謝他們在我成長中的幾個關鍵點上，使用

了非常英明的教育方法。比如說從小就給我積極的心理暗示，比如說在17歲的時候勒令我減肥，比如說我21歲以後就放手讓我過我自己的人生。

感謝我的繆斯——「滅絕組」的主要成員塔塔，感謝她在寫作全程都不遺餘力地給予我靈感與鼓勵。

感謝書中提到的各位女孩，堅強而坦蕩，允許我把她們血淋淋的人生素材寫進書裡，普度眾姊妹。

感謝Motionpost團隊，感謝3年來大家與我並肩作戰，那些為理想流下的汗水，正在開出美麗的花朵。

感謝葉先生，謝謝他給了我這本書一個完美結局。

現在是2009年10月26日，我在北京樂成豪麗公寓寫下本書的後記，此時此刻小曼正在山東直播全運會，塔塔距離預產期還有60天。相信當讀者看到這些文字的時候，塔塔已經升級當了媽媽，小曼正在如火如荼地實踐她的第二個事業五年計劃，而我已同本書第八個故事中的2先生註冊結婚，正在籌備2010年春天的婚禮了。

筆下人物近況

　　2011年春天開始琢磨寫第二本書，然而整年業務繁忙，書寫得斷斷續續；其實業務繁忙根本不是原因，如果一個人真想做一件事，缺乏時間是阻止不了她的。

　　書寫得磨磨唧唧的根本原因是：當我發現，如果我試圖把第二本書寫成《女人明白要趁早》的續集時，我的主角們卻不再擁有那麼多曲折糾結的故事了。的確，大家都曾經跌倒爬起，有笑有淚，但時間流逝，每個人都繼續在探尋中成長。成長的一個重要標誌就是：漸漸知道自己往何處去會開心，變得有足夠的辨別力去面對人和事當機立斷，權衡的時間成本變短，不會再在同一個地方跌倒第二次。於是等待的，繼續等待卻沒有悽惶，決斷的，終於決斷不再感傷，塵埃落定的，也就落定了。

　　《女人明白要趁早》是純粹有感而發，我不是一個職業作者，如果是為寫書而寫書，等於是逼自己做不情願的事，違背對生活的期許。後來仔細想，就算勉強去寫主人公的續集，能呈現的也不再是有趣的過程，只是這樣那樣階段性的結果。說白了就是，沒得寫啊。因此，2011年年底某天我對著電腦呆看了一會後，索性啪的關了電腦，決定好好過舒心日子，不再寫糟心故事了。

　　後來我在微博上遇到了一個人，她的地點標注在義大利，

微博裡po了幾張極其漂亮的混血嬰兒照片。當我正以為她是浩瀚互聯網裡的陌生人時，她說：「我是妳書裡的也迪。」我非常吃驚！或者說驚喜！也迪是我書中〈變心需要理由嗎？〉那章的主角。那一章是個悲傷的結尾。她真的很低沉，以至於書出版之後，她消失了。

　　也迪的重新出現讓我意識到，《女人明白要趁早》只記錄了2009年10月之前我和我朋友們的故事。那之後到現在，竟然時間已經過去了！不僅僅是也迪，幾乎所有主角都不同程度地改寫了自己的生活。我也想到，我是不是應該告訴每一個讀過這本書的人，當初我們所推崇的「當頭棒喝、冷靜分析、無情追問、肆意嘲笑」的思考方式，到底起了多大作用？這些作用是不是真是正向的？真實生活比故事更精彩，真實生活是我和我所篤信的生活理念最好的印證！

　　以下，我要交代下《女人明白要趁早》每一章節主角在圖書出版後的近況，由於涉及他人生活隱私，我儘量客觀敘述，精簡不八卦。

　　我要再次申明的一點價值觀是——世俗成功從來都不是衡量一個人內心幸福的尺規；是否結婚生子也絕對不是這個尺規。幸福感的值大概應該等於每個人的所得除以對自己生命的訴求。最

有用的還是那句陳詞濫調「要知道自己要的是什麼。」

主角：我

　　書出版兩個月後，我和葉先生結了婚，一直生活在北京。葉先生朝九晚五地上下班，我繼續經營我的公司Motionpost。公司業務穩中有進。2012年12月，生下女兒問問。

〈有沒有真命天子這回事〉主角：米秀

　　米秀在故事的結尾開始與一名在華讀書的美國男生交往，目前繼續單身，現在新東方任職託福VIP教師。幾年中，米秀在其他城市生活的父母一直勸她回到身邊，未遂。

〈變心需要理由嗎？〉主角：也迪

　　遭遇人生低谷後遠走義大利。在義大利遭遇真愛，現為全職太太，2012年夏生下混血兒子。

〈錢是999純金〉主角：小曼

　　小曼於2010年獲得「中國播音主持金話筒獎」，於2011年4月辭去北京人民廣播單台職務，赴美國繼續深造。現已取得GMAT成績，準備MBA開學事宜，單身。

〈大家都愛成功人士〉主角：L哥

　　L哥在2011年繼續成為我的客戶，愈發成功，得兩子。倫敦奧運會期間在英國鄉間與查爾斯王子打馬球。

〈不想轉正的小三，不是好小三〉主角：珠珠

　　2010年結婚，2012年生子。

〈嫁人只在一瞬間〉主角：塔塔

　　在2010年《女人明白要趁早》新書發佈會前夕生子，後告別自由撰稿人生活，任職某男裝品牌公司公關總監。

〈我們經歷過的各種崩潰〉主角：和大人

　　一直在升職，現任某五星酒店部門總監，與現任男友感情甚篤。

〈弱國無外交，女人當自強〉主角：豔姐

　　生意迅速擴張，2011年結識現任老公，於2012年6月生子，懷孕期間開幕新店兩家。

〈你的心有多大〉主角：Heidi

　　2012年夏天，我與Heidi重逢。這是她第一次知道我把她

寫進了書裡。Heidi歸國後在某精品品牌任職，後在上海創立
Yarose舞蹈中心，目前上海有兩家中心，今年計畫在北京開設第
三家。目前單身。

〈站在人生的米字路口上〉主角：婷婷

繼續做職業畫家。2010年與中學同學結婚。近期有新畫展
開幕。

〈誰的肉身沒有缺點〉主角：大紅

2011年結婚，與老公共同經營廣告公司，持續美麗，目前
懷孕，預產期比我晚一個月。

〈只有經過驗證的才是真神〉主角：馬啦

2011年創立LC風格網，www.linkchic.com，2012年7月該網
站獲得「創新中國DemoChina」總決賽時尚專場前三強。目前單
身。

〈永遠太遠，只爭朝夕〉主人公：張弘凱

於2010年4月11日在江蘇衛視《非誠勿擾》中與馬諾成功
牽手，後無下文。繼續專注做時尚攝影師，與女友感情穩定。

唯心 0003

女人明白要趁早

作　　者──王　瀟
責任編輯──陳慶祐
執行企劃──汪婷婷
封面設計──Rika Su
電腦排版──極翔企業有限公司

總 編 輯──周湘琦
董 事 長──趙政岷
副總編輯──陳慶祐
出 版 者──時報文化出版企業股份有限公司
　　　　　108019台北市和平西路3段240號7樓
　　　　　發行專線─（02）2306-6842
　　　　　讀者服務專線─0800-231-705・（02）2304-7103
　　　　　讀者服務傳真─（02）2304-6858
　　　　　郵撥─19344724 時報文化出版公司
　　　　　信箱─10899臺北華江橋郵局第99信箱
時報悅讀網──http://www.readingtimes.com.tw
時報出版風格線──https://www.facebook.com/bookstyle2014
電子郵件信箱──books@readingtimes.com.tw
法律顧問──理律法律事務所 陳長文律師、李念祖律師
印　　刷──盈昌印刷有限公司
初版一刷──2014年10月3日
初版九刷──2021年4月1日
定　　價──新台幣280元
（缺頁或破損的書，請寄回更換）

時報文化出版公司成立於一九七五年，並於一九九九年股票
上櫃公開發行，於二〇〇八年脫離中時集團非屬旺中，
以「尊重智慧與創意的文化事業」為信念。

女人明白要趁早 / 王瀟作. -- 初版. -- 臺北市：時報文化，
2014.09
　　面；　公分. --（唯心；3）

ISBN 978-957-13-6080-5（平裝）

1.自我實現　2.生活指導　3.女性

177.2　　　　　　　　　　　　　　　　103018307

ISBN 978-957-13-6080-5
Printed in Taiwan